GUIDE D'ORGANISATION ADMINISTRATIVE DE LA FONCTION COMMERCIALE

ISBN : 2-7081-0401-2 R 2 e

Michel MARVALLIN

GUIDE D'ORGANISATION ADMINISTRATIVE DE LA FONCTION COMMERCIALE

1979
les editions d'organisation
5, rue Rousselet, 75007 PARIS

TABLE DES MATIÈRES

NOMENCLATURE DES FIGURES, TABLEAUX ET SCHÉMAS DE LA PREMIERE PARTIE

NOMENCLATURE DES FAC-SIMILES, SCHEMAS, TABLEAUX DE LA DEUXIEME PARTIE

Introduction

Dans la majorité des petites et moyennes industries, la fonction commerciale n'est considérée que comme un élément accessoire. Elle existe, d'une façon formelle ou non, car il faut bien écouler la production. Et même dans celles où une certaine structure purement commerciale est présente, sa véritable direction n'est assurée, qu'à temps très partiel, par le « patron ».

Et pourtant, plus personne n'ignore les techniques et méthodes de cette science, « vieille » de plus de vingt années ; qui a forgé le succès des grandes entreprises multinationales, d'une foultitude de séminaires, sessions, stages, sans parler bien sûr de tous les ouvrages et revues en traitant : le marketing.

Mais qu'en est-il de sa perception et de son application dans la petite et moyenne industrie qui nous intéresse ?

Parce que l'on a fait une ou deux publicités dans l'**Usine nouvelle** ou dans **Le Moniteur** ; parce que l'on a envoyé quelques fiches techniques, accompagnées d'une lettre, à des adresses listées sur un annuaire professionnel ; parce que le chef d'entreprise a rendu visite à son multicarte de l'autre bout de la France ; telle entreprise est convaincue d'avoir parfaitement adapté les méthodes du marketing à son cas qui lui est, bien entendu, très particulier.

Demandons au directeur commercial où en est son budget commercial ? Il fait des actions en fonction des disponibilités financières et de son flair (cela marche quelquefois !)... ou de l'insistance d'un courtier en publicité.

Demandons-lui où est son fichier clients ? Ce sont les représentants qui tiennent leurs propres fiches. De quelle façon ? Ce n'est pas son problème, pourvu qu'ils ramènent des commandes ! Et si le représentant quitte l'entreprise avec son fichier ? Impossible, il est bien payé pour ce qu'il fait et, s'il partait quand même, eh bien on le remplacerait facilement !

Et encore ! On voudrait bien pouvoir se passer de ce « commercial » qui se traduit par une multitude de problèmes entre le VRP et le patron : comme cette petite entreprise industrielle qui occupe trois représentants et qui a été « mise au prud'hommes » par deux autres qu'elle a licenciés il y a peu de temps.

Situation peu représentative ; quelques cas en voie de disparition que tout cela ! Non ! Situation courante dans bon nombre de petites et moyennes industries.

Quelquefois, ce n'est que le reflet d'une gestion générale désastreuse : le chef d'entreprise, pris par le quotidien, passe le plus clair de son temps à colmater les brèches d'un bateau qui navigue, tant bien que mal, jusqu'au jour où...

Mais aussi, le quasi-abandon de la fonction commerciale est le fait d'entreprises bien gérées, performantes. Tout simplement parce que le chef d'entreprise, excellent technicien et bien conseillé financièrement, travaille sur un créneau particulier avec un nombre très réduit de clients. Cela marche tant que les donneurs d'ordres n'abandonnent pas ce fournisseur et que le créneau est porteur. Lorsque cela n'est plus, le chef d'entreprise ne voit que par deux remèdes miracles : le « commercial » (1) et la « diversification » (2).

Chaque entreprise qui, quelle qu'en soit la raison, néglige sa fonction commerciale, inconsciemment ou non, se dévalorise régulièrement. En effet, les informations, qui existent la plupart du temps au sein des services ou bien qui ne nécessiteraient que peu d'efforts pour les mettre au jour, ne sont pas exploitées. Et encore, c'est un moindre mal, car souvent leur exploitation désordonnée se contrarie et se traduit par des clients mécontents et perdus.

Ainsi la clientèle ne se renouvelle pas, on la connaît mal ; à plus forte raison on ne sait pas comment évoluent ses besoins... Et on est tout surpris de se réveiller, un beau jour, devant des comptes d'exploitation des plus désastreux et des concurrents, quelquefois nouvellement créés, qui eux savent la traiter, cette information.

Dans tous les services de l'entreprise et à tous les niveaux, l'information, sa circulation et son exploitation sont primordiales. D'ailleurs certains cadres le savent bien : ils dissimulent leur incompétence par une systématique rétention de l'information ; ainsi ils deviennent, pour leur direction aveugle, parfaitement indispensables !

C'est très certainement dans le domaine commercial que la circulation de l'information est la moins bien maîtrisée. Pour plusieurs raisons.

Tout d'abord, la non-exploitation n'a aucune conséquence immédiatement décelable : on ne chiffre jamais le manque à gagner d'un prospect qui vient de s'installer à qui le représentant ne rend pas visite.

Ensuite, les commerciaux étant des « hommes de terrain » sont, par définition, allergiques à tous types de travaux administratifs ; supports indispensables pour la transmission de l'information.

Enfin, comme il est déjà précisé, la fonction commerciale n'est considérée,

1. « **Commercial** » : le superman qui va aller vendre, avec de gros bénéfices pour l'entreprises, ce qui est devenu invendable.

2. « **Diversification** » : recherche de produits nouveaux, transfert de technologie, innovation... qui se traduit par l'apparition d'un cadran supplémentaire, le changement de la forme d'une manette ou un contrat d'exploitation de licence d'un produit très valable à l'état de prototype, mais absolument pas industrialisable !

dans les petites et moyennes industries, que comme un accessoire : on s'attache plus à en dénigrer le coût qu'à tenir compte de ses observations : ce qui tarit très rapidement la source.

Effectivement, qu'on le veuille ou non, ce service commercial coûte cher, raison de plus pour en tirer le meilleur, pour le rentabiliser au maximum.

Un des éléments indispensables pour optimiser son efficacité, outre la valeur et la compétence de ses hommes, la judicieuse répartition de ses actions, l'intelligence de son animation, c'est tout simplement la mise en place et le bon fonctionnement de son organisation administrative. Bien maîtriser la création ou la découverte, la circulation dans le service et entre les services, l'exploitation et le contrôle de l'information, est une clef de réussite pour la direction commerciale.

La mise en place et le bon fonctionnement d'une organisation administrative efficace de la fonction commerciale pour bien maîtriser l'information : le problème est posé !

Curieusement, peu d'ouvrages traitent de cet aspect de la gestion commerciale. Ils développent les techniques de marketing, ils parlent de stratégies, de méthodes de vente, d'études de marchés, en donnant des indications générales sur l'organisation, sans montrer comment la réaliser concrètement. Il est vrai que cette nécessité « administrative » n'est pas la partie noble de la gestion commerciale.

Pourtant elle est l'huile indispensable à son bon fonctionnement.

Ou bien quelques auteurs se sont penchés sur l'organisation administrative générale de l'entreprise sans aborder l'aspect particulier de la fonction commerciale ; d'ailleurs, ce n'était pas le but de leur ouvrage.

Résultat, un organisateur commercial (directeur commercial ou conseil extérieur) qui désire compléter son expérience personnelle, ne peut se documenter qu'en consultant des livres de marketing et d'autres d'organisation administrative, les interpréter et les adapter à cette fonction.

Le présent ouvrage veut apporter aux lecteurs qui se posent le problème, tous les éléments qui leur permettront d'étudier, de mettre en place et de faire fonctionner l'organisation administrative de leur service commercial.

Une grande expérience de ce genre de tâche a permis de tirer les principes généraux. Ils s'appliquent quels que soient la taille de l'entreprise et de son service commercial... à condition de vouloir les utiliser.

Ces principes sont rapidement étudiés dans la première partie : **les principes de l'organisation administrative de la fonction commerciale.** Rapidement étudiés, car nous ne voulons pas simplement apporter des conseils. La deuxième partie, très détaillée : **application pratique à une PMI** est un exemple concret de mise en œuvre. D'ailleurs, chacun des chapitres constitue les éléments du **manuel de procédure commerciale** de cette entreprise. Toutes les personnes du service commercial détiennent, sous forme de brochure, le chapitre qui les concerne, leur permettant de s'y référer à volonté.

Entre autres avantages, l'intégration d'un nouvel embauché (employé du secrétariat ou représentant) est grandement facilitée par l'étude du « manuel » correspondant à son poste.

Quant à l'application dans une organisation existante, elle doit se faire progressivement en tenant compte, bien sûr, des problèmes humains que tout changement dans les habitudes apporte.

Un des aspects le plus difficile sera d'obtenir satisfaction de la part des « hommes de terrain » : il est absolument nécessaire qu'ils soient convaincus que les contraintes que vous leur imposez sont compensées par des avantages. Non pas des avantages financiers directs, il est hors de question de rétribuer ce travail administratif, mais par une aide efficace dans leur travail. Par exemple, la tenue d'un fichier au siège de l'entreprise portant certains renseignements permet de faire des opérations de mailing sélectives, facilitant la prospection du représentant, voire, lui apportant des commandes.

Mais attention de ne pas promettre des actions qui ne seraient jamais lancées, la coopération des représentants serait perdue pour longtemps.

Cet aspect relations humaines, de même que la stratégie commerciale et le marketing en général ne sont pas abordés ici. Nous nous sommes attachés à ne développer que l'organisation administrative de la fonction commerciale d'une petite ou moyenne entreprise industrielle.

première partie

les principes de l'organisation administrative de la fonction commerciale

chapitre premier

Les parties en présence : où se situent les points de départ, de passage et de chute de l'information

Dans ce premier chapitre, nous allons recenser tous les éléments qui sont à l'origine ou en contact avec l'information. Ce qui revient pratiquement à effectuer un diagnostic en répondant à la question : « comment créer, découvrir l'information ? »

Tout d'abord, nous nous consacrerons à l'entreprise, à son organisation interne. Cela se traduira par un organigramme général, en détaillant plus particulièrement la partie qui nous concerne : le service commercial.

Ensuite, nous nous tournerons vers l'extérieur pour analyser l'élément, certainement le plus important, avec lequel le service commercial est en contact permanent : la clientèle, dans son sens le plus large.

Enfin, l'entreprise vit dans un environnement extrêmement mouvant et changeant, d'autant plus mouvant et changeant que nous pénétrons, et nous nous enfonçons, dans cette « conjoncture », fatale pour certains. Cet environnement influence l'entreprise (ou devrait l'influencer si elle était bien informée), il faut donc le connaître et le tenir comme source privilégiée d'informations.

A — L'ENTREPRISE

Classiquement, la petite et moyenne industrie comporte un organe de direction, une fonction administrative, une fonction commerciale, une fonction production. Suivant son importance, d'autres fonctions, diluées dans la fonction administrative ou dans la direction pour les petites industries, apparaissent dans l'organigramme : financier, relations humaines...

Des dirigeants polyvalents (si ce n'est en compétence, tout au moins en « casquettes ») chapotent plusieurs fonctions, souvent d'une façon confuse. Les exécutants reçoivent des directives de plusieurs personnes... et attendent le contrordre avant d'exécuter l'ordre !

L'information circule mal et elle n'est pas matérialisée : tout en mémoire ! D'où bon nombre de catastrophes lorsqu'un responsable est malade, ou, plus grave encore, lorsqu'il quitte l'entreprise. Combien de petites et moyennes entreprises n'ont-elles pas disparu parce que le « personnage-clef » est parti... pour s'installer à son propre compte ?

Dans cet organigramme général, nous nous intéresserons plus particulièrement au service commercial, cherchant à savoir, pour certaines tâches ou postes, où ils sont effectivement rattachés (les devis : service commercial ou bien production ? les litiges : service administratif ou commercial ?, etc.).

Selon les produits vendus par l'entreprise et sa taille, l'importance de ce service peut aller de deux ou trois personnes (à temps complet ou partiel) à plusieurs dizaines.

L'organigramme de la fonction commerciale, ainsi que l'étude de la clientèle et de l'environnement vont nous servir à établir le schéma de la circulation actuelle de l'information et, surtout, le schéma idéal théorique de cette circulation (voir § D).

Sauf si la mise en place de l'organisation administrative fait suite à une redistribution de postes ou tâches, il n'est pas obligatoire de refaire un organigramme. Simplement, les nouveaux supports de l'information ou les anciens modifiés devront être adaptés à la structure en place.

B — LES CLIENTS

Il est important de savoir à quel genre de clientèle nous nous adressons. Ceci nous permettra de corriger à leur juste valeur les informations que nous en retirerons.

1. CLIENTS QUI ACHÈTENT POUR UTILISER EUX-MÊMES

Ce sont les destructeurs du produit. Leur avis sur les qualités et défauts des produits, leurs réactions, peuvent être enregistrés tels quels, les informations n'étant pas déformées par des intermédiaires.

2. CLIENTS QUI ACHÈTENT POUR REVENDRE

Grossistes, détaillants, négociants, etc. Il faut toujours pondérer cette source de renseignements par la connaissance de leur psychologie (n'ont-ils pas tendance à exagérer, à déformer volontairement une information pour obtenir quelque chose de plus ?).

Fig. 1 : Organigramme classique d'une P.M.I

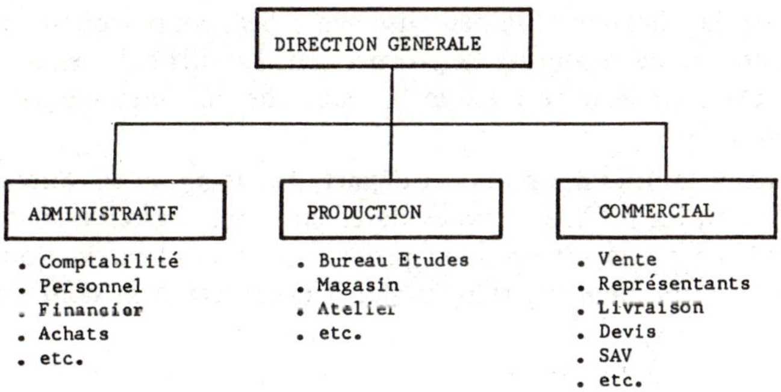

Fig. 2 : Organigramme d'un service commercial

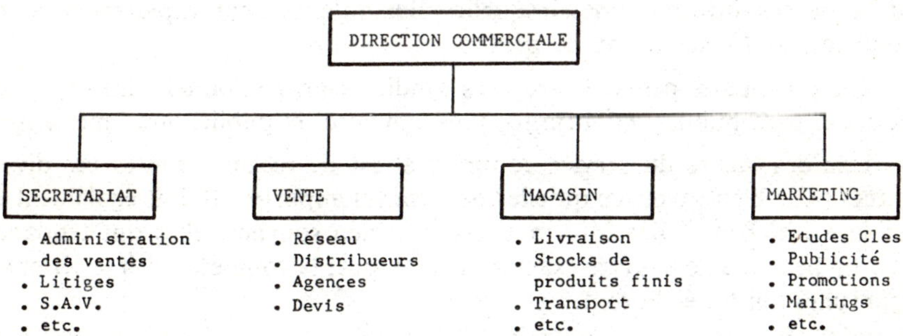

3. CLIENTS DE NOS CLIENTS

Leurs informations peuvent être de très bonne qualité. Mais il est difficile pour les petites et moyennes industries de les contacter, sauf peut-être pour les fabricants de matériel d'équipement ou de fournitures industrielles dont les représentants « tournent » avec les représentants de leurs clients.

4. ENFIN LES PROSPECTS

Eléments très importants pour l'entreprise car ils sont à l'origine du renouvellement de la clientèle. Malheureusement, beaucoup trop de représentants jugent comme besogne ingrate la prospection. La difficulté étant de situer ces prospects. On peut le faire lorsque la recherche de l'information devient une seconde nature.

Dans notre **tableau des points de départ, de passage et de chute de l'information** (voir § D), les différents types de clients sont regroupés dans la colonne numéro 7. Face à une information provenant de la clientèle, son destinataire devra donc être prudent et, si possible, il cherchera à la confirmer avant de l'utiliser.

C — L'ENVIRONNEMENT

La quantité de sources de renseignements y est inimaginable. Mêmes les personnes très informées ont de la difficulté à en faire le tour. Tout le personnel du service commercial (pour ne pas dire tout celui de l'entreprise) devrait être à l'affût de ces informations, lesquelles, lorsqu'elles sont rapidement et bien exploitées, sont génératrices de profits.

Les principales peuvent être : les syndicats professionnels, les organismes publics et para-publics, et enfin tous les annuaires et publications spécialisés.

Une des tâches du service commercial est de recenser toutes ces diverses sources pour bien savoir ce qu'elles peuvent lui apporter. Il doit également évaluer la « fraîcheur » des informations car, bien souvent, elles ont tendance à dater un peu ou à ne pas être exactes, malgré toute la compétence et le sérieux des organismes qui les élaborent.

Des actions commerciales de plus en plus payantes sont celles menées auprès des prescripteurs. Peu de produits ne possèdent pas les leurs. Encore faut-il se donner la peine de les découvrir et de les rencontrer. Leurs avis peuvent être très précieux pour la connaissance de la clientèle utilisatrice, les arguments à employer, l'élaboration des produits. Les représentants, voire même des personnes spécialisées au sein du service commercial, doivent les visiter et faire remonter l'information.

Dernier élément de l'environnement, et de taille, c'est la concurrence. Chaque entreprise devrait connaître ses concurrents presque aussi bien qu'elle se connaît elle-même.

Tout renseignement à ce sujet doit circuler très vite et chacun doit en être avisé, de la direction aux représentants. Ceci pour permettre toute action de contre-attaque.

Il est très dangereux de vouloir ignorer ou pire, minimiser cette concurrence qui est, par obligation, de plus en plus agressive. D'ailleurs, sans vouloir l'imiter, son étude peut être une source d'idées des plus fructueuses.

La plus grande partie des informations remontera des représentants qui la collecteront auprès de la clientèle. Mais une excellente origine de renseignements, trop peu utilisée, se trouve dans les conversations que le personnel du service achats de l'entreprise doit avoir avec les représentants des fournisseurs... qui, souvent, sont également les fournisseurs des concurrents.

Dans notre **tableau des points de départ, de passage et de chute de l'information** (voir § D), tout l'environnement de l'entreprise est regroupé dans la colonne numéro 8.

D — LE TABLEAU DES POINTS DE DÉPART, DE PASSAGE ET DE CHUTE DE L'INFORMATION

Avant de l'établir, une rapide étude est à faire, après avoir fait un recensement de toutes les tâches accomplies par le service commercial. Pour chaque type de tâches (dans une petite entreprise, une même personne effectue plusieurs types de tâches, par contre, dans une entreprise moyenne ou importante, un type de tâches correspond à un poste de travail) nous rechercherons :

• de quelle information a besoin la personne pour exécuter correctement sa tâche ou pour contrôler l'exécution d'une tâche ?

• où doit-elle chercher cette information, qui doit la lui fournir ?

• la tâche exécutée, une nouvelle information a-t-elle été créée ? A qui doit-elle servir ? Correspond-elle à ce que l'on attend d'elle ?

Le schéma théorique sera le plus direct possible. Ensuite pourront être inclus des points de passages forcés afin de contrôler ou sélectionner l'information pour éviter de diluer l'autorité.

Ce schéma peut se représenter sous la forme d'un tableau à colonnes. Chaque colonne représentant une personne ou un service de l'entreprise (colonnes numéros 1 à 6). Pour être complet, ce tableau comportera deux colonnes supplémentaires (numéros 7 et 8), une pour les clients et prospects (voir § B), l'autre pour l'environnement (voir § C).

Les différents types d'information seront listés dans la partie gauche. Sur la même ligne (et même sur plusieurs lignes), dans les colonnes concernées, nous porterons le code :

• «O», pour indiquer qu'il s'agit de l'origine de l'information,

• «I», pour un passage intermédiaire obligatoire (en principe la personne qui est chargée de réunir l'information avant de la transmettre),

• «D», pour le destinataire, exploitant final, éventuellement transformateur (à ce moment-là, une nouvelle information est créée dont il est l'origine).

Pour avoir tous les renseignements nécessaires, il ne restera qu'à indiquer, en face de chaque information, dans une dernière colonne (numéro 9) la fréquence souhaitable. «S» = semaine ; «M» = mois ; «T» = trimestre ; «A» = annuel ; «X» = occasionnel.

L'étude de ce tableau permettra :

• de sélectionner, en accord avec les utilisateurs finaux, les types d'information que l'on désire exploiter. Après avoir bien réfléchi à ce que chacune peut apporter, ne pas hésiter à supprimer celles qui paraissent superflues.

• de mettre au point les supports de l'information dans leur fond et ensuite dans leur forme. La technique est simple : il suffit de regrouper les « origines intermédiaires » et « destinataires » identiques en fonction des fréquences des demandes (par exemple, les informations numéros 25, 27, 30, 40, 41 seront sur le même support, voir tableau 3).

Un **tableau final des points de départ, de passage et de chute de l'information** est présenté ci-après (voir tableau 3). Les informations recensées ne sont données qu'à titre d'exemple. L'étude doit être faite selon les problèmes propres de l'entreprise. La présentation préconisée pourra être conservée.

★
★ ★

Au cours de ce chapitre, nous avons étudié comment l'information se crée, ou comment découvrir celle qui existe. Suivant les tâches des différentes personnes du service commercial et des autres services de l'entreprise, cette information doit être stockée et circuler.

De quelle façon ? Nous allons le voir dans le chapitre suivant.

Tableau 3 : Exemple de « tableau des points de départ, de passage et de chute de l'information

N°	Types d'informations	1	2	3	4	5	6	7	8	9
01	. Objectifs commerciaux globaux	O			D					A
	...									
05	. Etudes de nouveaux produits	O		D						X
		O			D					X
	...									
08	. Changement des tarifs	O	D							X
		O			D					X
					I	D				X
					I		D			X
						I		D		X
							I	D		X
	...									
10	. Taux de réalisation des objectifs généraux		O		I					M
		D								
	...									
12	. Quantité de produits vendus (A, B, etc...)			O	D					M
	...									
15	. Prévisions de vente : état du marché						D	O		T
16	. -d°- prévisions des clients						D	O		T
17	. -d°- influence conjoncture						D		O	T
18	. -d°- agressivité concurrents						D		O	T
19	. -d°- prévision en quantité de produits (ou CA)				D		O			T
		D		D	I					
	...									
21	. Objectifs de vente par secteurs				O		D			A
	...									
25	. Nombre de visites réalisées par représentant				D		O			S
	...									
27	. Nombre de prospects démarchés				D		O			S
	...									
30	. Prospects découverts						D		O	S
					D		I			
	...									
35	. Nombre de nouveaux clients		O		D					
					I		D			S
							D	O		
	...									
38	. Nombre de commandes enregistrées		O		D					M
					I		D			
	...									
40	. Réclamations de la clientèle						D	O		S
					D		I			
				D			I			
	...									
41	. Réactions de la clientèle						D	O		S
					D		I			
		D			I					

		1	2	3	4	5	6	7	8	9
48	. Actions de promotion des ventes				O →		D			M
							I →	D		
	...									
51	. Sortie d'un nouveau produit	O →			D					X
					I →	D				
					I →		D			
							I →	D		
								I →	D	
	...									
55	. Changement d'un délai de livraison)			O →	D					X
	...)				I →	D				
57	. Modification technique d'un produit)				I →		D			
							I →	D		
	...									
60	. Actions de la concurrence (prix, produits)		D ←						O	X
			I →		D		D ←		O	
					D ←		I			
		D ←			I					
	...									
	...									
75	. Problème de personnel, paie,		D ←				O			X
			D ←			O				
			D ←		O					
		D ←	I							
	...									
78	. Remboursement des frais de déplacement		D ←				O			M
			D ←		O					
			I →		D					
			I →				D			
	...									
	...									
85	. Recherche d'adresses de prospects					D ←			O	T
						I →	D			
	...									
90	. Etc...									

Rappel de la signification des codes ;

Colonne 1 = Direction Générale de l'entreprise
Colonne 2 = Service Administratif
Colonne 3 = Service Production
Colonne 4 = Direction Commerciale
Colonne 5 = Secrétariat Commercial
Colonne 6 = Représentants
Colonne 7 = Clients
Colonne 8 = Environnement
Colonne 9 = Fréquence de l'information

O = Origine
I = Intermédiaire
D = Destinataire

A = fréquence annuelle
T = fréquence trimestrielle
M = fréquence mensuelle
S = fréquence hebdomadaire
X = fréquence irrégulière

chapitre 2

Les supports permettant le stockage et la circulation de l'information dans le service commercial

Tel que conseillé précédemment, après étude du **tableau des points de départ, de passage et de chute de l'information** (voir chapitre I, § D, tableau 3), nous avons déterminé :

- l'information nécessaire,
- **qui** la collectait,
- **qui** la recevait.

Il nous faut mettre au point, dans leur fond et dans leur forme, les documents, supports de cette information, afin que chacun puisse l'exploiter au mieux.

Nous ne traiterons pas cette exploitation qui est la tâche principale de tous. En effet, cela reviendrait à écrire un ouvrage sur le travail du représentant, sur le contrôle et l'animation de la force de vente, sur la définition de la politique commerciale et la fixation des objectifs, etc. et sortirait du cadre qui a été fixé.

Dans la réalité, le fond, la forme et le nombre de documents diffèrent selon chaque entreprise. Ils doivent être étudiés selon les problèmes particuliers : bien rares sont les documents qui pourraient convenir à deux entreprises. En effet, même si elles vendent les mêmes produits, à la même clientèle, par des canaux de distribution identiques, leur politique, leurs objectifs, leurs stratégies n'en sont pas moins différents et, par là même, nécessitent des imprimés de supports d'information propre.

Cependant, quelle que soit l'entreprise, son importance, sa branche d'activité, son type : industriel, commercial ou de service, les caractéristiques des documents quant à leur raison d'être (stockage ou circulation de l'information) et leurs utilisateurs (catégories de personnes concernées dans l'entreprise) sont rigoureusement les mêmes.

L'adaptation de ces documents à la fonction commerciale de l'entreprise concernée se traduit par une variété plus ou moins grande d'imprimés, supports d'une information plus ou moins complète.

Les descriptions ci-après permettent d'avoir une base d'étude et donnent des schémas qu'il suffit de réduire ou de compléter pour les adapter à chaque cas.

De même, leur appellation sera modifiée pour correspondre au langage habituel de l'entreprise : une « note de frais » pourra devenir une « note de débours » ou un « relevé des dépenses » ; une « fiche d'information » sera un « mémo », une « note intérieure », une « information interne »...

Leur destination originale pourra même être modifiée : la « fiche-client » pour une entreprise qui ne vend qu'une fois à un même client utilisateur (installation de sécurité : alarme, détecteur d'incendie ; installation d'ascenseurs ; informatique... et en général tout équipement « lourd » et spécifique) deviendra en réalité une « fiche-offre », car le représentant ou le technico-commercial suit la « proposition (lorsque l'affaire sera faite ou perdue, le client disparaîtra définitivement ou pour de nombreuses années).

Certains ne seront pas utilisés : les « fiches-devis » ont leur place dans une organisation travaillant sur des devis ou bien lorsque des confirmations de prix sont fréquentes, elles pourront s'appeler « fiche-proposition », « fiche-offre de service »,... ; mais elles n'ont aucune raison d'être dans les entreprises commercialisant des produits de grande consommation, certains services.

D'autres, par contre, pourront revêtir des formes différentes : la « fiche-relances » de la direction commerciale ou du chef des ventes deviendra un planning mural ou portable avec des fiches en «T» amovibles par exemple.

Enfin l'utilisation d'imprimés autocopiants et gommés évite des recopiages fastidieux. Bien sûr, leur emploi n'est pas obligatoire, quoique vivement recommandé. De même que les renseignements codés qui seront une première approche à un futur (peut-être proche) traitement informatique.

A — LES DOCUMENTS ET LEUR CONTENU

1. CARACTÉRISTIQUES

a - Types de documents : Les documents sont de deux types,

— ceux qui servent au stockage de l'information. Par définition ces documents ne circulent pas. Ils restent en possession des personnes qui les utilisent et elles ne doivent pas s'en désaisir. On peut considérer ces imprimés comme des aide-mémoire. Ce sera la fiche-client du représentant, le tableau de bord du directeur commercial, le planning des commandes du secrétariat.

— ceux qui servent à la circulation de cette information. Par contre, ceux-ci servent de liaisons entre les différentes personnes concernées. Soit ce sont des imprimés aux tracés précis pour un même type d'informations répétitives (plan de travail et rapport d'activité du représentant, note d'information et fiche-devis du secrétariat, etc.). Soit ce sont des imprimés polyvalents pour des informations occasionnelles et irrégulières (les notes intérieures ou « mémo »).

POUR UN SERVICE GRATUIT D'INFORMATIONS

Ne rien inscrire dans ces cases

Vous êtes intéressé par nos avis de parution : retournez-nous ce formulaire rempli recto et verso, en MAJUSCULES pour éviter toute erreur de transcription au service informatique :

M., Mme, Mlle

Nom

Prénom

Profession :

à mon adresse professionnelle **OU** **à mon adresse privée**

Raison sociale et adresse

Complément d'adresse

Code postal

Bureau distributeur ou Pays

Adresse

Complément d'adresse

Code postal

Bureau distributeur ou Pays

POUR NOUS PERMETTRE DE MIEUX VOUS CONNAITRE

Fonction (1)

- ☐ 1 Chef d'entreprise
- ☐ 2 Chef de service
- ☐ 3 Ingénieur, cadre
- ☐ 4 Technicien, maîtrise
- ☐ 5 Enseignant
- ☐ 6 Etudiant

Service (1)

- ☐ 1 Direction générale
- ☐ 2 Administratif-financier
- ☐ 3 Personnel-Formation
- ☐ 4 Commer., pub., mark.
- ☐ 5 Technique, production
- ☐ 6 Approv., achats
- ☐ 7 Informatique
- ☐ 8 Etudes, recherches
- ☐ 9 Organisation
- ☐ 0 Documentation

Activité de l'entreprise (1)

- ☐ 1 Industrie
- ☐ 3 Commerce
- ☐ 5 Artisanat
- ☐ 7 Prestations de serv.
- ☐ 8 Professions libérales
- ☐ 9 Collectiv., groupem. minist.
- ☐ 0 Enseignement

Nombre de salariés (1)

- ☐ 1 Moins de 50
- ☐ 2 De 50 à 200
- ☐ 3 De 200 à 500
- ☐ 4 De 500 à 1000
- ☐ 5 Plus de 1000

(1) Remplir une seule case (choisir la définition dominante)

T.S.V.P.

Veuillez m'adresser régulièrement l'annonce de vos nouveautés concernant * :

- [ ] 1 Economie
- [ ] 2 Techniques de gestion

- [ ] 3 Gestion administrative
- [ ] 4 Gestion financière
- [ ] 5 Gestion de la production

- [ ] 6 Gestion commerciale, marketing
- [ ] 7 Techniques quantitatives / Mathématiques de l'entreprise

- [ ] 8 Informatique
- [ ] 9 Personnel, formation, société

- [ ] 0 Questions juridiques

Attention : Si vous recevez déjà nos avis de parution, il est inutile de nous retourner ce formulaire. Veuillez nous aviser de tout changement de coordonnées en joignant la dernière étiquette adresse reçue (comportant un n° d'identification) et en indiquant votre nouvelle adresse.

*Mettre une croix dans la case correspondante

1979

DESTINATAIRE :

Affranchir S.V.P.

les éditions d'organisation

5, rue Rousselet

75007 PARIS

(FRANCE)

b - Personnes concernées : Au sein du service commercial, on trouve trois catégories de personnes,

— la direction commerciale (en amont, la direction générale et en aval le directeur des ventes et/ou les chefs de vente), (1)

— le secrétariat commercial,

— le réseau (les représentants, qu'ils soient appelés V.R.P., attaché de direction, chargé de missions, agent régional ou autres).

2. LES DIVERS DOCUMENTS

Selon les degrés :
— de précision des renseignements,
— de contrôle que l'on désire exercer sur le réseau,
les documents peuvent être plus ou moins nombreux, plus ou moins complets.

Une règle doit être présente en permanence à l'esprit du concepteur : « Le minimum d'imprimés, le minimum d'écritures, en évitant les répétitions d'une même rédaction d'informations ».

Les documents que nous allons examiner maintenant pour chaque personne représentent un ensemble très complet, trop pour bon nombre de petites entreprises. Il suffira de choisir ceux qui correspondent le mieux au problème envisagé par l'organisateur, avec seulement les mentions nécessaires.

Cependant, ils ont tous été mis en place dans une petite entreprise industrielle appelée à un développement rapide et important.

Nous les verrons dans l'exemple concret présenté en deuxième partie. D'ailleurs, chaque document comporte un numéro qui est également repris pour les documents correspondants de cet exemple, ceci afin d'en faciliter la localisation.

a - Les documents du représentant (exemple concret, chapitre I de la deuxième partie).

La fiche-client représentant (document numéro 1). Elle se compose de deux parties principales, une première qui est la fiche d'identité du client, et l'autre qui est le suivi de gestion. Dans certains cas elle peut revêtir la forme d'une pochette contenant des documents : correspondance, devis, plans, etc.

Partie signalétique comportant :
— Raison sociale, forme juridique, numéro SIREN/SIRET,
— Adresse complète, boîte postale,
— Localité, département avec numéro de code postal,
— Secteur géographique de l'entreprise,

1. **Nota :** Cet ouvrage s'adresse aux petites et moyennes entreprises industrielles et commerciales. La direction commerciale est souvent tenue, à temps partiel, par le patron, l'importance de son réseau ne nécessite pas une hiérarchie conventionnelle. Dans le cas où la présence d'un chef des ventes est souhaitable, pour notre organisation administrative, il suffit de dédoubler le poste de direction commerciale, ce qui ne présente aucune difficulté.

— Numéro de téléphone, indicatif du télex,
— Profession ou activité (activité principale et secondaire),
— Noms des personnes à contacter avec leur fonction, leurs jours et heures de réception, leurs numéros de poste intérieur,
— La concurrence en place (la plus nombreuse, la plus récente),
— Les conditions particulières, remises, mode d'expédition,
— Le mode de règlement, domiciliation, banque ou CCP,
— L'importance du client,
— Son code pour les mailings (2),
— La périodicité de visite souhaitable,
— Si c'est un client (depuis quand) ou un prospect,
— L'origine des relations,
— Situation financière,
— Nombre d'ouvriers, de représentants, de dessinateurs, de dactylos, de véhicules (en fonction de ce que l'on vend),
— Aspects des locaux (ambiance qui s'en dégage),
— Société mère ou filiale, chantiers, agences, centrale achats...
— Renseignements sur le matériel utilisé (celui qui correspond aux produits que nous vendons. Exemple : nombre, types et âges des tables à dessin si nous vendons du matériel de bureau d'études).

Partie suivi de gestion :
— Chiffres d'affaires de l'année en cours et des années précédentes,
— Nombre de devis des années précédentes et les devis de l'année en cours,
— Commandes de l'année et nombre de commandes des années antérieures,
— Grille annuelle pour visualiser l'époque de la prochaine visite,
— Rapport de visite avec un système d'indication rapide s'il s'agit :

- Code 1, première visite de prospection
- Code 2, visite de client suite à une publicité
- Code 3, démonstration de produit
- Code 4, visite de client suite à son appel
- Code 5, visite pour relancer un devis en cours
- Code 6, visite pour une réclamation
- Code 7, commande prise pendant la visite
- Code 8, affaire perdue (passée à la concurrence)
- Code 9, affaire sans suite (projet abandonné)
- Code 10, devis à établir
- Code 11, cessation d'activité
- Code 12, etc.

Pour éviter les recopiages fastidieux, générateurs d'erreurs et de perte de temps, lorsque le représentant complétera la partie signalétique (voir fig. 5), et à chaque fois qu'il établira un rapport (voir schéma 7), d'une même écriture il remplira des doubles gommés qui seront collés, par le secrétariat commercial, sur la fiche-client-siège correspondante (document numéro 2).

Lorsque cette méthode n'est pas utilisée, pour obtenir les mêmes résultats, le secrétariat commercial doit donc remplir ses propres documents en recopiant.

Schéma 4 : Fiche-client-représentant (document numéro 1)

RECTO

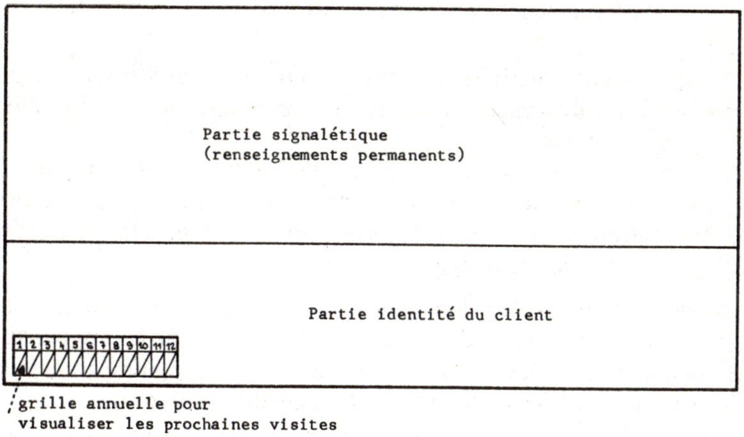

VERSO

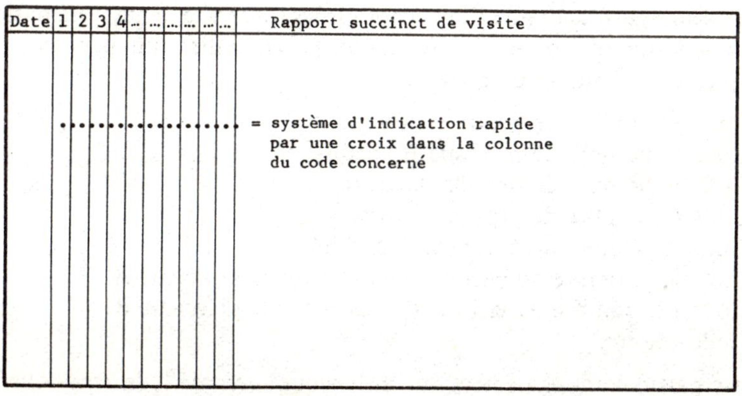

Un mot, important, sur le classement de ces fiches-clients-représentant.

Dans les cas où le représentant ne rencontre pas tous ses clients régulièrement (dans la vente de matériel d'équipement par exemple), une des meilleures organisations consiste en une répartition décalée des fiches dans des classeurs à anneaux multiples, de façon que le nom du client et la grille annuelle de prochaine visite soient visibles. Cette méthode, grâce à l'annotation de la grille, permet de préparer très efficacement le planning des tournées (voir fig. 6).

Bien entendu, dans les cas de tournées systématiques, à fréquence identique, il suffira de classer les fiches dans l'ordre des visites.

Le compte rendu d'activité (document numéro 4). Il s'établit en plusieurs exemplaires et sert à informer la direction commerciale ou le chef des ventes de l'activité du représentant.

Il peut comporter plusieurs parties qui permettront, toujours par le même système gommé, de compléter des documents du secrétariat, de la direction commerciale. Si l'entreprise n'utilise pas cette méthode simple, le secrétariat devra effectuer des travaux de recopiage supplémentaires.

Partie rapport abrégé de visite : Elle reprend les différents points de la fiche-client-représentant : le système d'indication rapide ainsi que le rapport abrégé de visite avec la date prévue pour la prochaine visite. Un exemplaire gommé est collé par le secrétariat sur la fiche-client-siège (document numéro 2).

Partie relance : Elle porte le nom du client et le motif succinct de la prochaine visite avec la date prévue. Un exemplaire, aussi gommé, est collé par la direction commerciale sur sa fiche « relances systématiques » (document numéro 5), suivant l'importance du motif.

Partie analyse d'activité : Elle récapitule les renseignements systématiques de la première partie, plus d'autres informations dont la direction peut avoir besoin périodiquement, traduites en code :

- Code 1, nombre de produits A vendus
- Code 2, nombre de produits B vendus, etc.
- Code 5, nombre de détaillants visités
- Code 6, nombre de grossistes visités
- Code 9, nombre de prescripteurs visités
- Code 11, nombre de visites effectuées sur le s/secteur A
- Code 12, nombre de visites effectuées sur le s/secteur B
- Code 15, etc.

Cette partie étant également sur un becquet gommé, elle sera collée par le secrétariat commercial sur la fiche « analyse d'activité » (document numéro 6).

Partie note de frais : Dans la mesure où l'entreprise rembourse les frais de déplacement, cette partie où le représentant indiquera :

- Nombre de repas et débours total pour les repas
- Nombre de nuits et débours total pour les chambres
- Nombre de kilomètres voiture et débours total

Fig. 5 : Ouverture d'une fiche-client-siège par l'écriture simultanée du représentant.

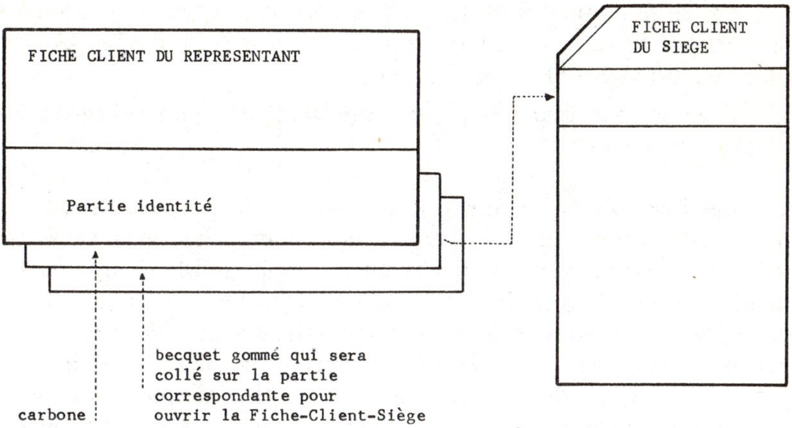

Fig. 6 : Classement des fiches-clients du représentant en décalé

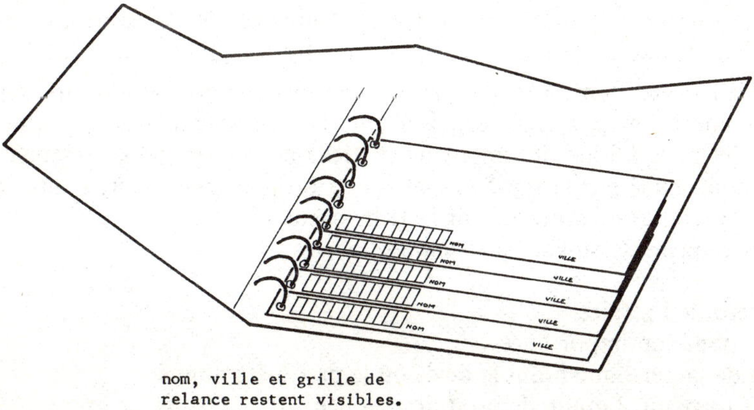

• Frais de voyage par train ou avion, etc.
sera collée, par lui, sur la « note de frais » (document numéro 7).

Par exemple, le « compte rendu d'activité » peut s'établir en deux exemplaires :

• Un, gommé et découpé, est utilisé pour compléter les différents documents vus ci-dessus,

• L'autre est remis intégral au directeur commercial pour comparaison avec le « plan de travail » (document numéro 8) et la fiche « relances systématiques (document numéro 5).

Eventuellement un exemplaire supplémentaire peut être prévu pour les archives du représentant.

Les fiches-devis (document numéro 3). Comme nous l'avons précisé plus haut, ce document n'est utilisé que lorsque l'entreprise travaille avec des prix calculés spécialement pour chaque client : produits fabriqués à la commande, sur plans, implantations particulières composées d'éléments standards... (dans une grande partie des entreprises de la métallurgie, du bâtiment et travaux publics, de certains services comme l'imprimerie, la maintenance, l'entretien, l'assurance...) ; produits d'équipement industriel fabriqués en séries, mais dont la configuration est propre à chaque client, dans ce cas, il s'agit d'une « proposition de prix » ou d'une « confirmation de prix » (matériel d'équipement de bureaux administratifs, de bureaux d'études, des postes de travail d'atelier, en informatique...) et également toutes les entreprises vendant à l'administration, aux organismes publics ou para-publics, sur « appels d'offres ». Pratique qui se traduit par des prix donnés de vive voix, confirmés ou non par courrier.

Nous appellerons donc « fiche-devis » le document qui sert à fixer un prix personnalisé (que ce soit une « proposition », un « projet de contrat », une « confirmation », une « offre de prix », une « offre de service »...).

Quand le représentant donne des prix de vive voix ou par téléphone (prix qui ne sont pas confirmés par courrier), afin que la fiche-client-siège (document numéro 2) soit mise à jour, il remplit une « fiche-devis » en deux exemplaires gommés : un est collé par le représentant sur sa propre fiche-client, l'autre est collé par le secrétariat commercial sur la fiche-client-siège.

Les renseignements suivant peuvent être portés :

• Date

• Numéro de l'affaire

• Code pour son importance

• Nom de la personne à qui le devis ou le prix a été donné

• Objet (produit, famille de produits, service...)

• Prix unitaire (standard, spécial, en clair ou codé, mention reportant à une fiche de calcul...)

• Quantités (nombre, heures, surface, volume, forfait...)

• Prix donné ou montant total du devis, remise déduite

• Lieu de livraison ou d'exécution du service

• Date limite de validité des prix

Schéma 7 : Compte rendu d'activité et sa ventilation (document numéro 4)

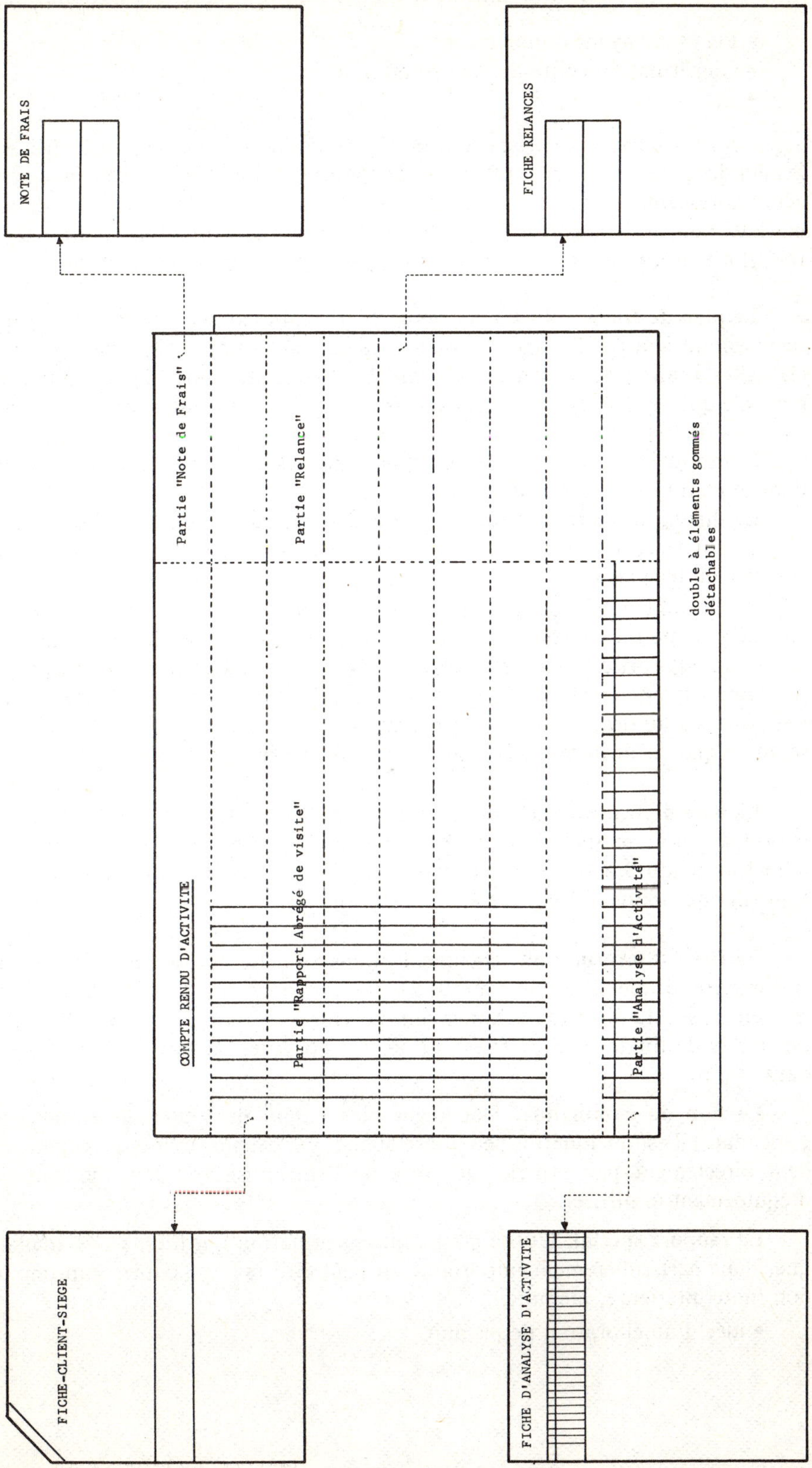

- Personne ayant donné les prix
- Confirmation écrite demandée ou non
- Etc.

Pour toutes les entreprises vendant sur catalogue avec des prix tarifs (généralement des produits et services de grande consommation, des équipements ménagers s'adressant à une clientèle utilisatrice de particuliers ; des fournitures et petit matériel pour les entreprises, etc.) ce document n'a aucune raison d'être. De ce fait, il n'y a pas lieu d'en tenir compte dans la procédure commerciale.

Le plan de travail (document numéro 8). Etabli en deux exemplaires par le représentant à la fin de chaque semaine, ce document portera les rendez-vous et les visites à faire pour la semaine à venir. Le double est remis à la direction commerciale qui peut alors joindre, selon les besoins, son collaborateur sur la route en cours de tournée.

L'imprimé sera divisé en journées, elles-mêmes partagées en deux cases, une pour le matin, une pour l'après-midi.

La direction pourra éventuellement demander au représentant d'y noter les hôtels où il descendra ou bien les postes restantes où il passera pour un retrait de courrier ou télégramme.

Ce document ne doit pas être considéré, par le représentant (ou par son patron) comme un moyen de contrôle, mais plutôt comme un lien existant entre lui et son entreprise lors de ses tournées. En effet, lorsque le représentant part pour une semaine entière, le directeur commercial peut avoir des renseignements importants à lui demander ou des informations urgentes à lui communiquer (ne serait-ce que des informations d'ordre personnel par exemple !).

La note de frais (document numéro 7). Etablie en deux exemplaires selon la périodicité définie (hebdomadaire ou mensuelle). Les éléments gommés du « compte rendu d'activité » en constituent la base. Les autres frais remboursés sont rajoutés manuellement dans une deuxième partie.

La fiche d'information (document numéro 9). Le but de cette fiche est de transmettre, d'une personne à une autre, des informations. Généralement, l'origine en est soit la direction commerciale, soit le secrétariat. Le représentant n'en est que le destinataire pour exploitation. Ce document sera examiné plus loin dans le § b).

Le bon de commande. Document bien connu de toutes les entreprises. Cependant, il est quelquefois peu utilisé quand, par exemple, les clients commandent directement par courrier au siège de l'entreprise (produits ou matériel d'équipement industriel...).

Le rapport spécial. Utilisé pour toute information qui n'est pas systématique, mais particulièrement importante. Il peut être fait sur papier imprimé ou non (note intérieure, mémo...) :

- idée d'amélioration de produit,

Schéma 8 : Fiche-devis et sa ventilation
(document numéro 3)

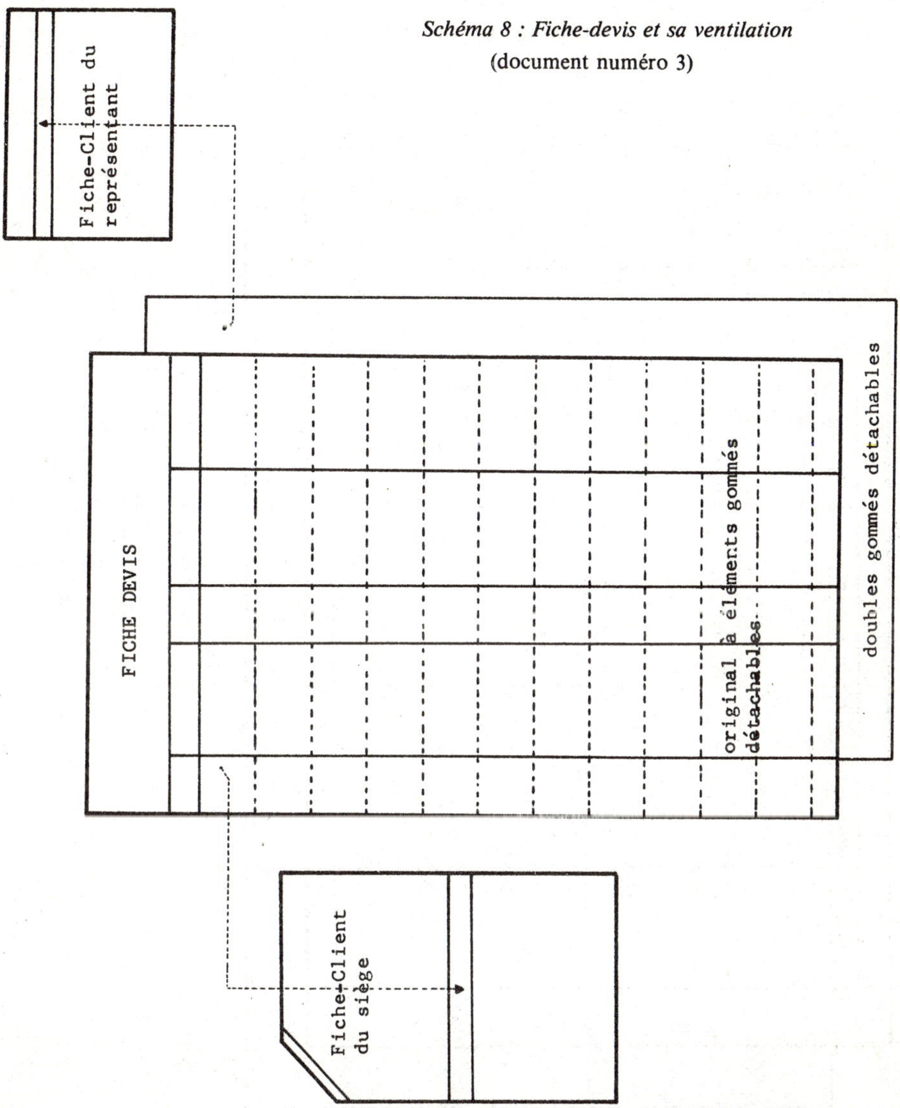

Schéma 9 : Plan de travail (document numéro 8)

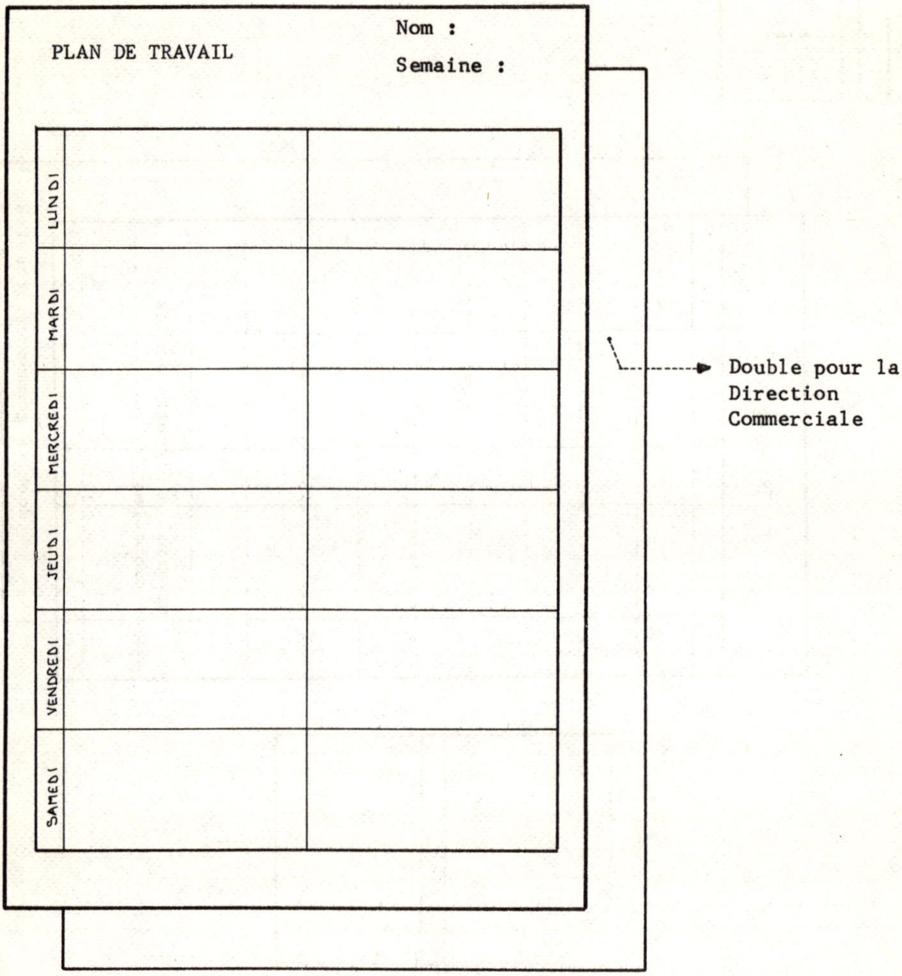

Schéma 10 : Note de frais (document numéro 7)

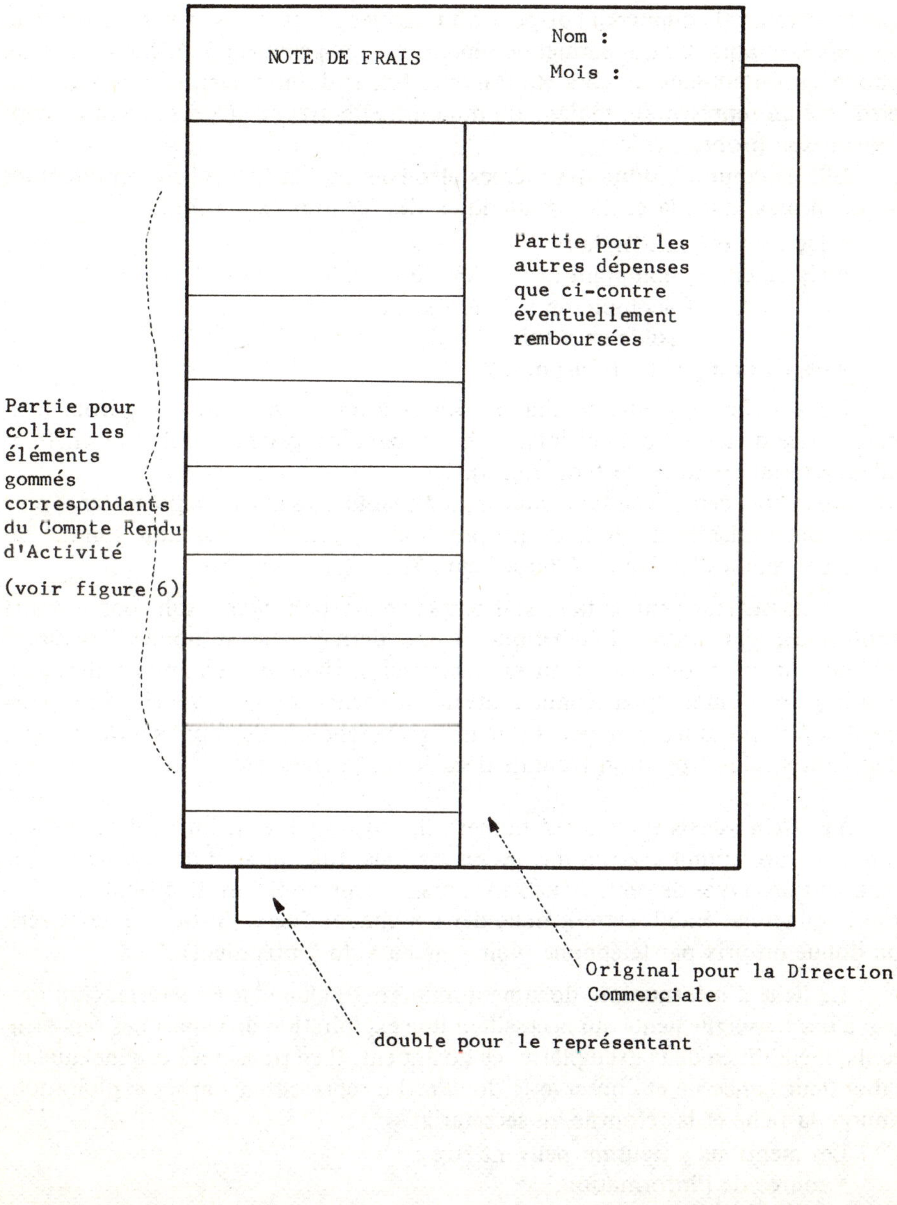

- client mécontent,
- action de la concurrence, etc.

b - Les documents du secrétariat commercial (exemple concret, chapitre 2 de la deuxième partie).

La fiche-client-siège (document numéro 2). Il est fortement recommandé que le secrétariat commercial dispose d'un fichier clients qui soit le reflet de celui des représentants. Ce qui permet de répondre intelligemment à un client qui téléphone car on connaît ce qui a été fait avec lui, et d'autre part, de remplacer au pied levé un représentant malade ou qui quitte l'entreprise (très souvent en conservant son propre fichier).

Elle se compose donc des mêmes éléments que la fiche-client-représentant avec, en plus, dans la partie signalétique, des mentions spécifiques :

- factures en n exemplaires
- règlement - comptant avec x % d'escompte
  - acompte de x % à n jours
  - solde en x foix
- expédition par les transports Z

Cette fiche sera ouverte chaque fois que les représentants ouvriront eux-mêmes une de leurs fiches-clients, grâce au papillon gommé qu'ils transmettent au secrétariat commercial (voir fig. 5).

De même, cette fiche sera tenue à jour chaque fois que les représentants porteront des indications sur leurs propres fiches, grâce au papillon gommé du « compte rendu d'activité » (voir schéma 7).

Le classement peut se faire soit par secteur-représentant, soit tous secteurs confondus, par ordre alphabétique. Cette dernière façon donne l'avantage d'avoir à la suite toutes les agences, succursales, chantiers, etc. disséminés géographiquement mais appartenant à une même société (donc d'évaluer très rapidement son importance globale). Pour une recherche rapide, l'utilisation de bacs permettant une disposition frontale décalée est intéressante.

Les fiches-devis (document numéro 3). Identique et même utilisation que celle du représentant avec les mêmes restrictions. Elles ne sont donc utilisées que dans certains types de vente (voir § a). Lorsque leur emploi est justifié, le secrétariat commercial établit cette « fiche-devis » chaque fois qu'il fait un devis écrit ou donne un prix par téléphone (voir schéma 8 du § précédent).

La fiche d'information (document numéro 9). Quand le secrétariat commercial a des renseignements qui nécessitent une exploitation de la part des représentants, il établit en deux exemplaires ce document. Il en transmet l'original au collaborateur concerné et conserve le double. Le représentant, après exploitation, annote la fiche et la retourne au secrétariat.

Les mentions y figurant peuvent être :

- source de l'information,
- type de l'information,

Schéma 11 : Fiche-client-siège (document numéro 2)

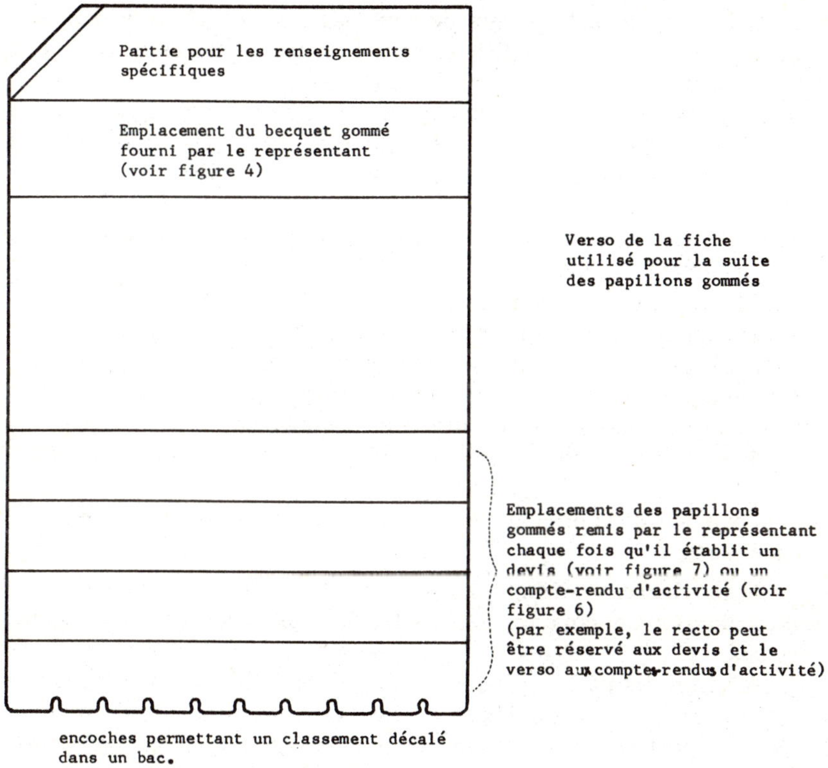

• date de l'établissement, par qui,

• texte de l'information proprement dite (avec, si possible, un justificatif, comme la coupure de l'article presse par exemple),

• degré d'urgence,

• nom de la personne qui, dans l'entreprise peut donner des renseignements complémentaires,

• le destinataire,

• les suggestions éventuelles pour l'exploitation,

• la réponse après exploitation.

La fiche analyse d'activité (document numéro 6). Elle permet au directeur commercial ou au chef des ventes de contrôler l'activité des représentants. Le secrétariat commercial la complète et en tire les renseignements pour l'élaboration du tableau de bord, mais il ne l'exploite pas.

Il suffit d'y coller les becquets gommés correspondants des « comptes rendus d'activité ». Il y a bien sûr une fiche différente par représentant et par période choisie (hebdomadaire ou mensuelle).

Autres fiches et documents. Le secrétariat peut tenir un certain nombre d'autres documents et plannings :

• cahier des commandes reçues,

• planning des commandes en cours d'exécution,

• planning des commandes en cours de livraison,

• planning des devis à exécuter par le service « devis »,

• agenda des rendez-vous du directeur commercial,

• cahiers de réception courrier et communications téléphoniques, etc.

c - Les documents de la direction commerciale (exemple concret, chapitre 3 de la deuxième partie).

La fiche relances systématiques (document numéro 5). Il y en a autant que de représentants et de semaines de travail. Elles sont classées chronologiquement par secteur.

A réception des parties « relances » des « comptes rendus d'activité », les becquets correspondants sont collés sur ces fiches. Pour ne pas les noyer, seules les affaires importantes ou justifiant d'une attention particulière de la part de la direction commerciale y sont retenues. C'est pourquoi, ces fiches exploitées par la direction, doivent également être établies par elle.

C'est un puissant moyen de contrôle des actions de suivi de la clientèle, en les rapprochant du « plan de travail » et du « compte rendu d'activité » de la semaine concernée.

La fiche d'information (document numéro 9).

La fiche devis (document numéro 3).

Ce sont les mêmes fiches, même utilisation ou restriction que celles reprises ci-dessus.

Schéma 12 : Fiche d'information (document numéro 9)

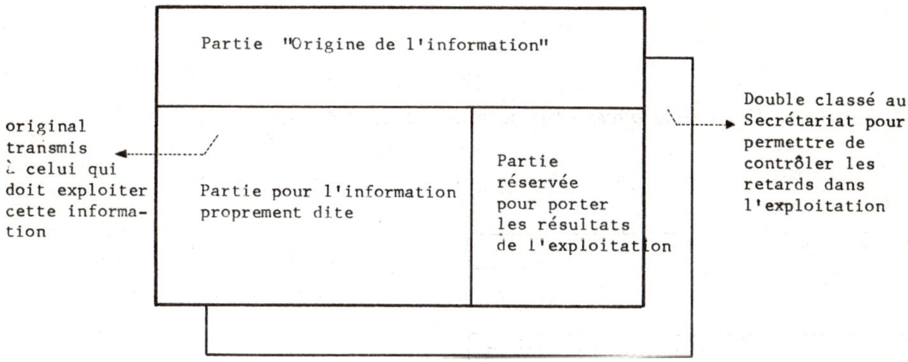

Schéma 13 : Fiche d'analyse d'activité (document numéro 6)

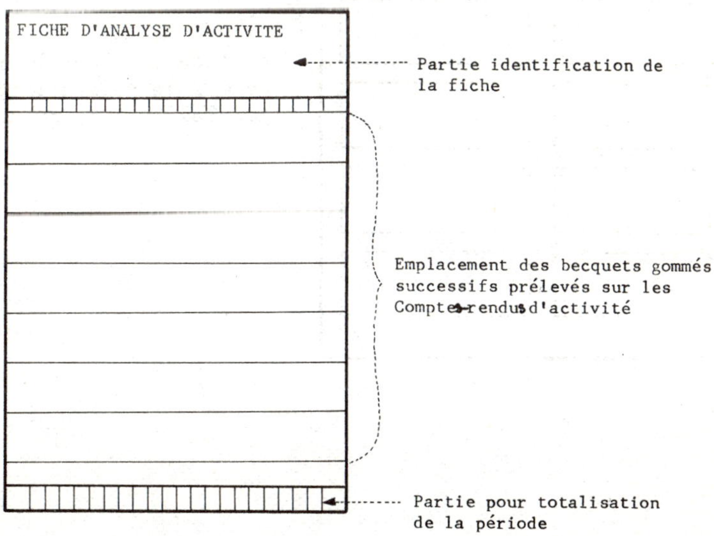

Schéma 14 : Fiche de relances systématiques (document numéro 5)

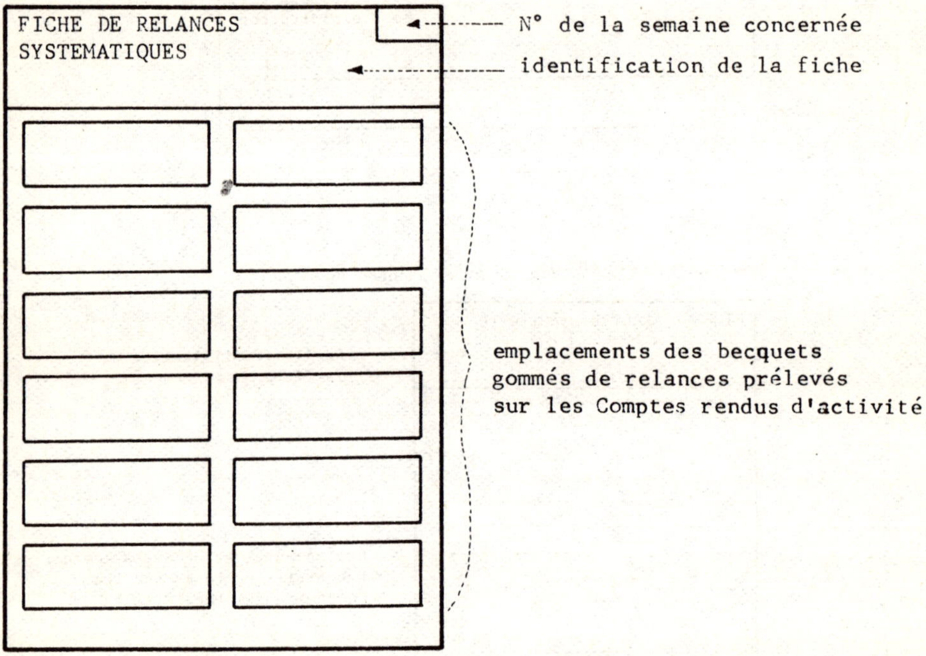

Le tableau de bord. Ce recueil de documents et d'informations, compte tenu de son importance, fait l'objet du § C de ce même chapitre.

Note intérieure (ou mémo). Les instructions, directives, à caractère non régulier, sont transmises au personnel et services intéressés par des notes intérieures, imprimées ou non.

B — LA CIRCULATION DES DOCUMENTS

Après avoir examiné en détail, pour chacune des personnes, ses documents de stockage de l'information et ses documents pour la faire circuler, nous allons, pour faire le point, résumer brièvement :

- ce que chaque personne établit,
- ce que chaque personne reçoit,

ensuite, nous présenterons sur un schéma général l'ensemble de cette circulation.

1. LE REPRESENTANT

a - Les documents qu'il établit

- Fiche-client-représentant
- Compte rendu d'activité (pour la direction commerciale et le secrétariat)
- Plan de travail (pour la direction commerciale)
- Note de frais (pour la direction commerciale)
- Fiche-devis (pour le secrétariat)
- Fiche d'information (pour le secrétariat)
- Bon de commande (pour le secrétariat)
- Le rapport spécial (destinataire suivant l'objet)

b - Les documents qu'il reçoit

- Fiche-devis (du secrétariat et de la direction commerciale)
- Fiche d'information (du secrétariat et de la direction commerciale)

2. LE SECRETARIAT COMMERCIAL

a - Les documents qu'il établit

- Fiche-client-siège
- Fiche devis (pour les représentants)
- Fiche d'information (pour les représentants)
- Fiche analyse d'activité (pour la direcion)
- Le tableau de bord (voir § C, peut être établi par la direction commerciale)
- Le mailing (voir § D).

b - Les documents qu'il reçoit

- Becquet d'ouverture de fiche-client-siège (du représentant)

- Compte rendu d'activité : becquets « analyse d'activité » (du représentant)
  becquets de mise à jour des fiches-clients-siège
- Fiche d'information (de la direction et celles en retour des représentants lorsqu'elles sont exploitées)
- Fiche-devis (de la direction et des représentants)
- Bon de commande (pour le service exploitation)
- Rapport spécial (des représentants pour transmettre aux services intéressés)
- Note intérieure (ou « mémo », de la direction)

3. LA DIRECTION COMMERCIALE

a - Les documents qu'elle établit

- Fiche de relances systématiques
- Fiche d'information (pour les représentants et le secrétariat)
- Fiche-devis (pour les représentants et le secrétariat)
- Le tableau de bord (voir § C, peut être établi par le secrétariat)
- Note intérieure (ou « mémo », pour le secrétariat, les représentants et les autres services)

b - Les documents qu'elle reçoit

- Un exemplaire du compte rendu d'activité (des représentants)
- Becquet relance (des représentants)
- Fiche analyse d'activité (du secrétariat commercial)
- Fiche d'information (du secrétariat et des représentants)
- Rapport spécial (des représentants)

4. LE SCHEMA GENERAL DE CIRCULATION

Pour avoir une vue d'ensemble des documents et de leur circulation, nous allons les présenter graphiquement en indiquant où est émis le document, en combien d'exemplaires et où il doit aller.

C — LE TABLEAU DE BORD DE LA DIRECTION COMMERCIALE

(exemple concret, chapitre 6 de la deuxième partie)

L'animation du réseau commercial et son contrôle : tâches primordiales de la direction commerciale. Pour les mener à bien, le responsable recherchera un ensemble d'informations cohérentes, lui permettant de connaître l'évolution et les résultats des actions menées.

Cette masse d'informations, pour être exploitable et exploitée, doit être présentée d'une façon pratique permettant une étude rapide et mettant immédiate-

Schéma 15 : Schéma gériéral de circulation des informations

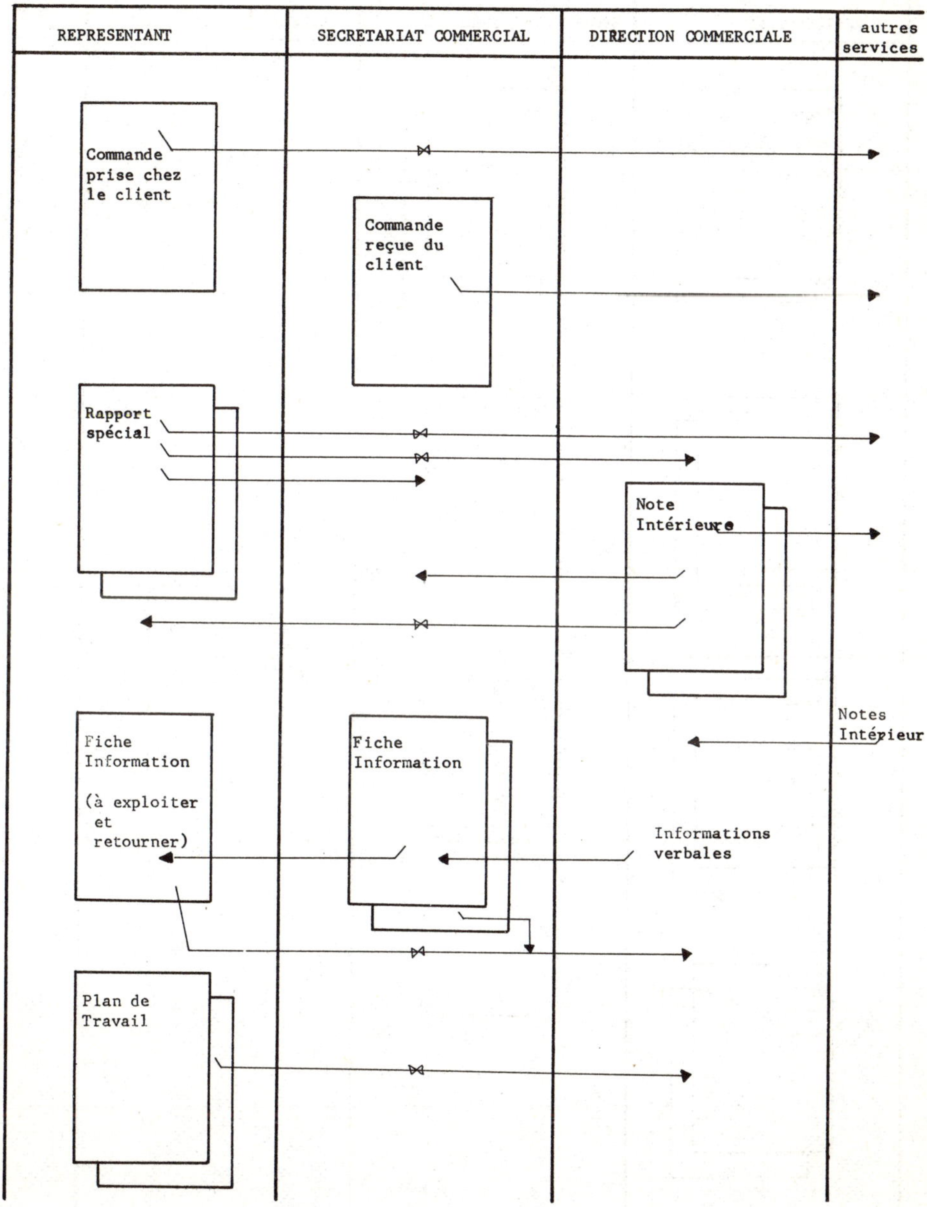

Schéma 15 (suite) : Schéma général de circulation des informations

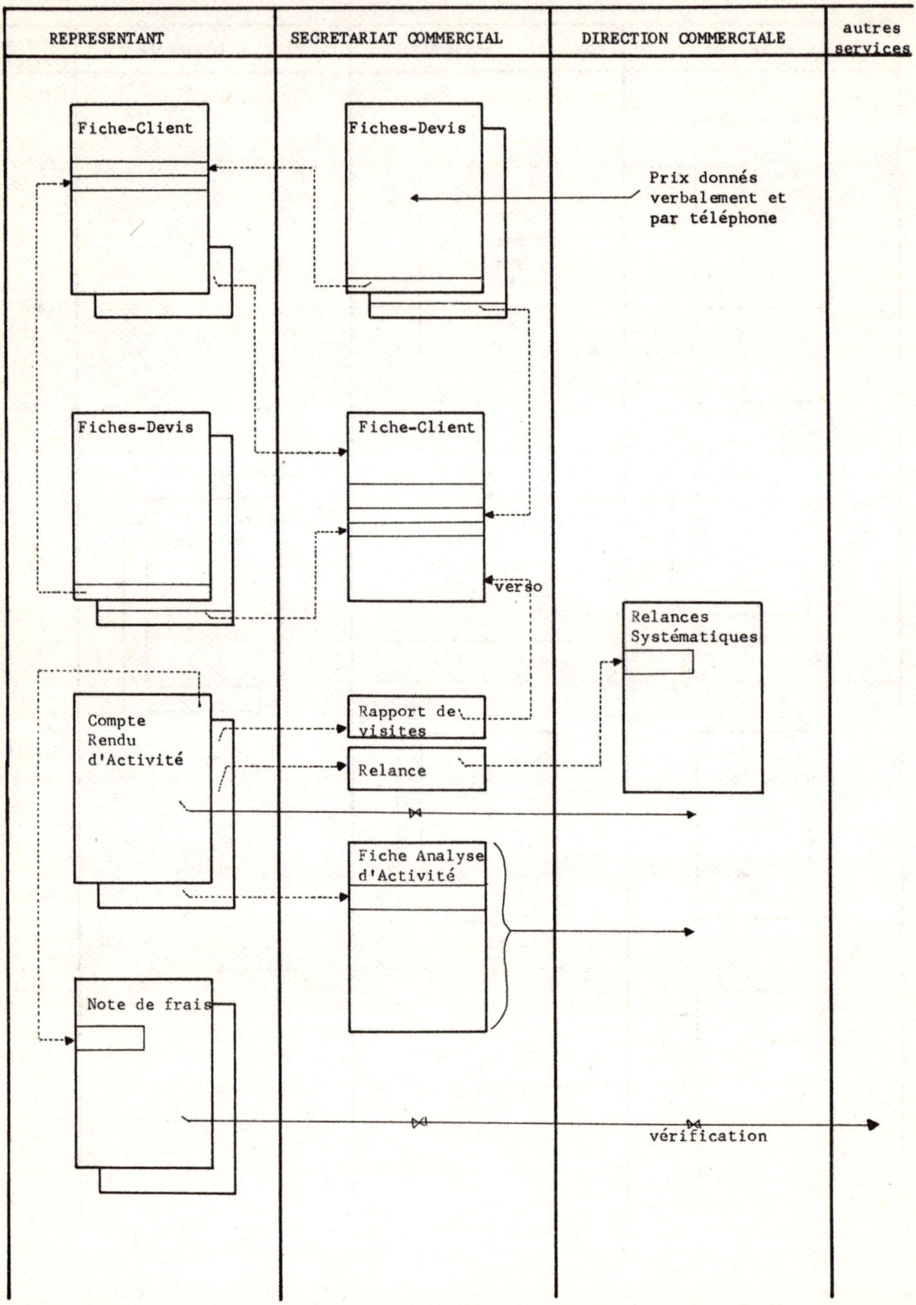

ment en évidence les anomalies. Le tableau de bord, avec ses grilles, graphiques, ratios... répond à cette préoccupation.

Le directeur commercial, compte tenu de la politique commerciale et de l'importance de l'entreprise, de ses objectifs, de ses responsabilités et de son style d'animation, déterminera les renseignements qu'il souhaite obtenir et comment ils doivent être présentés. Le secrétariat commercial se chargera de réunir les informations et de tenir très régulièrement à jour les différents tableaux ou graphiques.

Pour rationaliser la collecte des informations, il faut prévoir, au moment de l'élaboration des documents commerciaux (en particulier le « compte rendu d'activité », voir § A) quels sont ces renseignements que l'on veut et comment les faire « sortir » d'une façon systématique. L'étude de la forme de ces documents et de leur fond est donc très importante pour en éviter la multiplicité. Par exemple, la « fiche analyse d'activité » permet, à elle seule, d'obtenir toutes les informations concernant le contrôle du réseau. Pour les représentants, elle s'établit simultanément avec les rapports de visite et donne au secrétariat commercial une seule source de renseignements.

1. LES RENSEIGNEMENTS DONT LA DIRECTION COMMERCIALE PEUT AVOIR BESOIN

Selon les principales tâches de la direction commerciale, ces renseignements nécessaires sont de plusieurs types :

Analyse des ventes : pour connaître les résultats des stratégies appliquées et envisager les actions futures ; pour surveiller la réalisation des objectifs.

Contrôle de gestion : indispensable pour surveiller l'évolution des coûts des moyens mis en œuvre.

Activité des représentants : pour les contrôler et les orienter efficacement en fonction des besoins de l'entreprise et non pas du désir ou du penchant naturel du collaborateur.

Etude du marché : pour connaître l'adaptation de la politique, des objectifs et des stratégies de l'entreprise à la réalité de ses marchés. Bien que la remontée de renseignements du réseau permet d'actualiser ces études de marchés et que certains éléments du tableau de bord peuvent en faire partie, leur élaboration étant surtout ponctuelle, nous n'en tiendrons pas compte à ce niveau.

a - Analyse des ventes

- Chiffre d'affaires réalisé (par secteur, région, représentant, clientèle, moyenne par commande...)
- Nombre de produits « A » vendus (par secteur, région, représentant, clientèle, au total...)
- Nombre de produits « B » vendus, etc.
- Nombre de commandes reçues :
    - Nombre de commandes directes (ventilées par secteur, etc.)
    - Nombre de commandes indirectes (-d°-)

- Nombre de commandes comportant une ligne (ventilée par secteur...)
- Nombre de commandes comportant deux lignes, etc. (affinées en nombre de commandes directes et indirectes)
- Nombre de lignes en moyenne par commande
- Nombre de commandes par tranches de chiffre d'affaires
- Nombre de commandes annulées
- Nombre de clients intéressés par les produits « A »
- Nombre de clients intéressés par les produits « B », etc. (à chaque fois, si nécessaire, faire une ventilation par secteur, région, représentant, clientèle...)

b - Contrôle de gestion

- Budget salaires des « commerciaux » (hommes du terrain)
- Budget des frais de déplacement
- Budget salaires administration des ventes
- Budget mailing
- Budget publicité
- Budget promotion des ventes
- Budget réception, relations publiques
- Budget frais divers de fonctionnement
- Budget des dépenses par représentant (salaire, charges sociales et frais de déplacement)
- Budget commercial total
- Prix de vente moyen (remises déduites) des produits « A » (2)
- Prix de vente moyen (remises déduites) des produits « B » (2), etc.
- Marge commerciale nette moyenne par produits
- Coût d'une visite de représentant (ensemble des frais commerciaux)
- Coût d'une commande (ensemble des frais commerciaux seuls)
- Coût d'une journée de visites (ensemble des frais commerciaux)
- Seuil de rentabilité des produits, des représentants...

c - Activité des représentants

- Nombre de journées de visites
- Nombre de visites total (ventilé en nombre de visites sur le sous-secteur « A », sous-secteur « B », etc.)
- Nombre de clients visités (par catégories)
- Nombre de prospects visités (par catégories)
- Nombre de prescripteurs visités
- Nombre de commandes enregistrées
- Nombre de ventes en laissé sur place (LSP)
- Chiffre d'affaires réalisé
- Nombre de produits « A » vendus (directement, en LSP, indirectement)
- Nombre de produits « B » vendus, etc. (-d°-)
- Nombre de devis demandés

2. Une ventilation peut être faite par secteur, région, représentant, clientèle, etc.

Tableau 16 : Modèle de tableau « Objectifs/Réalisations »

TABLEAU DE BORD COMMERCIAL

Année

MOIS							TOTAUX	
	MENSUEL	CUMUL	MENSUEL	CUMUL	MENSUEL	CUMUL	MENSUEL	CUMUL
. JANVIER								
. FEVRIER								
. MARS								
. AVRIL								
. MAI								
. JUIN								
. JUILLET								
. AOUT								
. SEPTEMBRE								
. OCTOBRE								
. NOVEMBRE								
. DECEMBRE								

OBJECT / REALIS

OBJECT en rouge

REALIS en bleu

Tableau 17 : Modèle pour la synthèse annuelle du tableau 16

TABLEAU DE BORD COMMERCIAL

ANNEES												
	OBJ.	REAL.	%	OBJ.	REAL.	%	OBJ.	REAL.	%	OBJ.	REAL.	%

Tableau 18 : Modèle de tableau analyse

TABLEAU DE BORD COMMERCIAL ______________ Année

CODES / MOIS																				
JANVIER																				
FEVRIER																				
MARS																				
AVRIL																				
MAI																				
JUIN																				
JUILLET																				
AOUT																				
SEPTEMBRE																				
OCTOBRE																				
NOVEMBRE																				
DECEMBRE																				

Tableau 19 : Modèle pour la synthèse annuelle du tableau 18

TABLEAU DE BORD COMMERCIAL

ANNEES

Tableau 20 : Modèle pour le contrôle des mailings

DATES D'ENVOIS	CIBLES (CODES)	OBJETS DES ENVOIS ET LEURS CONTENUS	NOMBRE D'ENVOIS	COUT TOTAL DE L'OPERATION	REPONSES APRES 10J	REPONSES APRES 20J	TOTAL DES REPONSES	COUT DU CONTACT	RESULTATS GLOBAUX OBTENUS APRES 60J

CODES CIBLES
(01.11)
(01.12)
(ETC...)

RESULTATS, SOIT NOMBRE DE DEVIS
NOMBRE DE COMMANDES
NOMBRE DE CLIENTS NOUVEAUX
C.A. REALISE ETC...

Tableau 21 : Modèle pour le contrôle de la publicité

DATES PARUTION	TITRES REVUES OU PUBLICATIONS	COUT TOTAL	TYPE DE PUBLICITE	REPONSES APRES 7 J	REPONSES APRES 15 J	REPONSES APRES 30 J	TOTAL DES REPONSES	COUT DU CONTACT	RESULTATS GLOBAUX OBTENUS APRES 90 J

RESULTATS SOIT NOMBRE DE DEVIS
NOMBRE DE COMMANDES
NOMBRE DE CLIENTS NOUVEAUX
C.A. REALISE ETC..

Tableau 22 : Modèle de tableau budget

TABLEAU DE BORD COMMERCIAL

Année :

MOIS	PREVISIONS		REALISATION		ECARTS		Observations
	mensuel	cumulé	mensuel	cumulé	+	-	
JANVIER							
FEVRIER							
MARS							
AVRIL							
MAI							
JUIN							
JUILLET							
AOUT							
SEPTEMBRE							
OCTOBRE							
NOVEMBRE							
DECEMBRE							

Tableau 23 : Modèle pour la synthèse annuelle du tableau 22

TABLEAU DE BORD COMMERCIAL

ANNEES	PREVISIONS		REALISATION		ECARTS		% (1)
	Valeurs	%	Valeurs	%	Valeurs	%	
1978							
1979							
1980							
1981							
1982							

% 1 = Pourcentage des réalisations par rapport aux prévisions

$$\frac{\text{Réalisation}}{\text{Prévisions}} \times 100$$

% = Pourcentage par rapport à l'année précédente

$$\frac{\text{Année } n}{\text{Année } n - 1} \times 100$$

Tableau 24 : Modèle pour le contrôle des frais des représentants

	REPAS		CHAMBRES		KILOMETRES		Coût moyen	
	mensuel	cumul	mensuel	cumul	mensuel	cumul	repas	chamb.
JANVIER								
FEVRIER								
MARS								
AVRIL								
MAI								
JUIN								
JUILLET								
AOUT								
SEPTEMBRE								
OCTOBRE								
NOVEMBRE								
DECEMBRE								

Nombre / coûts

Prix moyens annuels

- Taux de transformation des devis en commandes
- Nombres de visites nécessaires pour avoir une commande
- Coût de la visite (en frais représentant uniquement)
- Coût de la commande (-d°-)
- Coût de la journée de visite (- d°-)
- Nombre de visites par jour de travail
- Nombre de démonstrations, moyenne par jour...
- Nombre de magasins ayant accepté la PLV
- Nombre de nouvelles références obtenues
- Nombre de nouveaux clients
- Nombre de clients perdus

2. LA PRESENTATION DES RENSEIGNEMENTS

Après avoir déterminé les informations nécessaires et leur périodicité (en se souvenant qu'il vaut bien mieux avoir rapidement un petit nombre de renseignements qui seront exploités, plutôt qu'une grande quantité qui ne seront que rarement consultés), il faut mettre en forme leur présentation : tableaux avec ou sans graphiques.

D'autre part, certaines indications du tableau de bord ne sont intéressantes que lorsqu'elles sont comparées à des éléments de référence :

- un objectif
- une moyenne
- une réalisation antérieure

Il faut également prendre la précaution de bien déterminer les modes de calcul, qu'ils soient toujours les mêmes, surtout en ce qui concerne les ratios qui serviront de clignotants.

Il appartient au directeur commercial (ou à celui en faisant fonction) de fixer ces éléments de références et ces méthodes de calcul.

Le tableau de bord comportera des documents de présentation différente, mais qui se regroupent en deux types :

a - Tableaux de collecte des données

Ils récapitulent les mêmes informations sur un document unique. Par exemple : le nombre de visites par représentant, le nombre de produits « A » vendus, le budget déplacements. Pour les résultats particulièrement importants, on peut doubler la présentation en tableaux par une présentation graphique : la visualisation de l'évolution d'une courbe peut être très intéressante dans certains cas (présentation d'un rapport à la direction générale !).

Ensuite, certains de ces renseignements seront utilisés pour le calcul des ratios.

Plusieurs modèles de tableaux sont présentés, correspondant chacun à un type de collecte de données.

b - Tableaux des ratios

De même que pour les renseignements (voir § 1), nous pouvons avoir une multitude de ratios. Il faudra donc en déterminer seulement un petit nombre, représentatif des soucis de la direction commerciale, avec leur périodicité (hebdomadaire, mensuelle, trimestrielle...).

Leur présentation se fera également sous forme de tableaux, éventuellement doublés de graphiques. Un modèle de tableau de ratios est présenté ci-après.

A titre indicatif, voici une liste (qui est loin d'être exhaustive) de ratios intéressants avec, pour chacun, un élément de référence possible. De cette liste ont été retirés ceux qui servent dans l'exemple concret (voir chapitre 6 de la deuxième partie).

La lettre qui suit chaque ratio indique son élément de référence selon le code :

A = élément de référence 100 %

B = élément de référence la moyenne annuelle de l'année précédente

C = élément de référence variable selon la périodicité de calcul du ratio (par exemple dans le cas de réalisation d'objectif, ratio calculé chaque trimestre, l'élément de référence sera, pour le 1er trimestre 25 %, 50 % pour le second, 75 % pour le troisième et 100 % en fin d'année).

D = il n'y a pas d'élément de référence significatif (le ratio est alors pris en lui même ou comparé avec d'autres ratios) bien que chaque ratio puisse toujours se comparer avec celui des années précédentes.

Liste de ratios

01. Nombre de jours de visites réalisés/Objectif nombre de jours de visites à réaliser (A)

02. Nombre de jours de visites réalisés en cumulé/Objectif nombre de jours de visites à réaliser dans l'année (C)

03. Nombre de jours de visites réalisés en cumulé/Nombre de jours de visites réalisés l'année précédente (D)

04. Nombre de « Code 1 » (analyse d'activité des représentants)/Nombre de visites total faites pendant la période (B)

05. Ratio identique au ratio précédent 04, mais calculé avec tous les codes analysant l'activité des représentants.

06. Nombre de prospects visités pendant la période/Objectif nombre de prospects à visiter pendant cette période (A)

07. Nombre de prospects visités en cumulé/Objectif nombre de prospects à visiter dans l'année (C)

08. Nombre de prospects visités en cumulé/Nombre de prospects total visités pendant l'année précédente (D)

09. Nombre de prospects visités pendant la période/Nombre de visites total faites pendant la période (B)

10. Nombre de clients visités pendant la période/Objectif nombre de clients à visiter pendant cette période (A)

11. Nombre de clients visités en cumulé/Objectif nombre de clients à visiter dans l'année (C)

12. Nombre de clients visités en cumulé/Nombre de clients total visités pendant l'année précédente (D)

13. Nombre de clients visités pendant la période/Nombre de visites total faites pendant la période (B)

14. Nombre de prospects visités pendant la période/Nombre de clients visités pendant la période (B)

15. Nombre de prospects visités en cumulé/Nombre de clients visités en cumulé (B)

16. Nombre de visites réalisées pendant la période/Objectif nombre de visites à réaliser pendant la période (A)

17. Nombre de visites réalisées en cumulé/Objectif nombre de visites à réaliser dans l'année (C)

18. Nombre de visites réalisées en cumulé/Nombre de visites réalisées pendant l'année précédente (D)

19. Nombre de visites réalisées pendant la période/Nombre de jours de visites réalisés pendant la période (B)

20. Nombre de visites réalisées (sur le sous-secteur Z ; dans la clientèle Y, etc.)/Objectif nombre de visites à réaliser (sur le sous-secteur Z ; dans la clientèle Y, etc.) (A)

21. Nombre de visites réalisées (sur le sous-secteur Z ; dans la clientèle Y, etc.)/Nombre de visites réalisées total (sur l'ensemble des secteurs ; sur l'ensemble de la clientèle, etc.)

22. Nombre de clients intéressés par le produit «A»/Nombre de visites réalisées dans cette période (B)

23. Série de ratios identiques au 22, calculés avec l'ensemble des produits ou familles de produits.

24. Nombre de commandes de produits «A» pendant la période/Nombre de clients intéressés par le produit «A» pendant cette période (B)

25. Série de ratios identiques au n°24, calculés avec l'ensemble des produits ou familles de produits.

26. Nombre de devis réalisés pendant la période/Objectif nombre de devis à réaliser pendant cette période (A)

27.Nombre de devis réalisés en cumulé/Objectif nombre de devis à réaliser dans l'année (C)

28. Nombre de devis réalisés en cumulé/Nombre de devis total réalisés pendant l'année précédente (D)

29. Nombre de devis réalisés pendant la période/Nombre de visites réalisées pendant la période (B)

30. Nombre de commandes réalisées pendant la période/Objectif nombre de commandes à réaliser pendant la période (A)

31. Nombre de commandes réalisées en cumulé/Objectif nombre de commandes à réaliser dans l'année (C)

32. Nombre de commandes réalisées en cumulé/Nombre de commandes total réalisées pendant l'année précédente (D)

33. Nombre de commandes réalisées pendant la période/Nombre de visites réalisées pendant la période (B)

34. Nombre de commandes réalisées pendant la période/Nombre de devis réalisés pendant la période (B)

35. Nombre de nouveaux clients créés pendant la période/Objectif nombre de nouveaux clients à créer pendant la période (A)

36. Nombre de nouveaux clients créés en cumulé/Objectif nombre de nouveaux clients à créer dans l'année (C)

37. Nombre de nouveaux clients créés en cumulé/Nombre de nouveaux clients total créés pendant l'année précédente (D)

38. Nombre de nouveaux clients créés pendant la période/Nombre de visites réalisées pendant la période (B)

39. Nombre de clients nouveaux de la période/Nombre de clients perdus de la période (B)

40. Nombre de clients nouveaux en cumulé/Nombre de clients total (B)

41. Nombre de clients nouveaux en cumulé/Nombre de prospects visités en cumulé (B)

42. Chiffre d'affaires réalisé pendant la période/Objectif chiffre d'affaires à réaliser pendant cette période (A)

43. Chiffre d'affaires réalisé en cumulé/Objectif chiffre d'affaires à réaliser dans l'année (C)

44. Chiffre d'affaires réalisé en cumulé/Chiffre d'affaires total réalisé pendant l'année précédente (D)

45. Chiffre d'affaires réalisé en cumulé/Chiffre d'affaires réalisé en cumulé pendant la période correspondante de l'année précédente (à comparer avec l'objectif fixé)

46. Chiffre d'affaires réalisé avec les produits «A» pendant la période/Chiffre d'affaires total réalisé pendant cette période (B)

47. Série de ratios identiques au 46, calculés avec l'ensemble des produits ou familles de produits.

48. Chiffre d'affaires réalisé pendant la période/Nombre de commandes réalisées pendant cette période (B)

49. Chiffre d'affaires réalisé en cumulé/Nombre de commandes réalisées en cumulé (B)

50. Coût du représentant X/Nombre de commandes réalisées par ce représentant (B)

51. Série de ratios identiques au 50, calculés avec chaque représentant, plus un autre ratio pour l'ensemble des représentants.

52. Coût du représentant X/Chiffre d'affaires réalisé par ce représentant (B)

53. Coût prévisionnel du représentant X/Chiffre d'affaires en objectif à réaliser

par ce représentant (B) (Il est intéressant de comparer les ratios 52 et 53)

54. Coût du représentant X/Nombre de devis réalisés par ce représentant (B)
55. Coût du représentant X/Nombre de visites réalisées par ce représentant (B)
56. Coût prévisionnel du représentant X/Objectif nombre de visites à réaliser (B) (Il est intéressant de comparer les ratios 55 et 56)
57. Séries de ratios identiques aux 52, 53, 54, 55, 56, calculés avec chaque représentant, plus un autre ratio pour l'ensemble des représentants.
58. Réalisation Budget I pendant la période/Prévision du Budget I pendant cette période (A)
59. Réalisation Budget I au cumulé/Prévision Budget I au cumulé (A)
60. Réalisation Budget I/Réalisation Budget total (élément de référence : les ratios correspondants 61)
61. Prévision Budget I/Prévision Budget total (D)
62. Ecart du Budget I/Ecart du Budget total (B)
63. Réalisation Budget I en cumulé/Prévision Budget I pour toute l'année (C)
64. Séries de ratios identiques au 60, 61, 62, 63, calculés avec chacun des budgets.
65. Réalisation Budget total/Prévision Budget total (A)
66. Prévision Budget total/Objectif nombre de visites à réaliser pendant la période (B)
67. Réalisation Budget total en cumulé/Nombre de visites réalisées en cumulé (élément de comparaison, ratio 66)
68. Prévision Budget total/Objectif nombre de devis à réaliser pendant la période (B)
69. Réalisation Budget total en cumulé/Nombre de devis réalisés en cumulé (élément de comparaison, ratio 68)
70. Prévision Budget total/Objectif nombre de commandes à réaliser pendant la période (B)
71. Réalisation Budget total en cumulé/Nombre de commandes réalisées en cumulé (élément de comparaison, ratio 70)
72. Prévision Budget total/Objectif de chiffre d'affaires à réaliser pendant la période (B)
73. Réalisation Budget total en cumulé/Chiffre d'affaires réalisé en cumulé (élément de comparaison, ratio 72)
74. Etc.

Enfin, selon la hiérarchie du service commercial, un tableau de bord différent se trouvera à tous les niveaux. Celui du niveau immédiatement supérieur reprend seulement la synthèse de tous les tableaux de bord du niveau immédiatement inférieur, plus quelques éléments spécifiques à sa position propre.

Mais il est très rare que dans les petites et moyennes industries nous ayons plus de trois niveaux (représentants, chefs ou directeur des ventes et directeur commercial), et très souvent, certains ne sont assurés qu'à temps partiel (le chef d'entreprise est, en même temps le directeur commercial !).

Tableau 25 : Modèle pour la présentation des ratios

TABLEAU DE BORD COMMERCIAL

Année :

Secteur :

RATIOS CALCULES	TRIMESTRES				Ratios de Référence
	1er	2ème	3ème	4ème	

Tableau 25 bis : Modèle pour la synthèse annuelle du tableau 25

TABLEAU DE BORD COMMERCIAL

RATIOS CALCULES	1978	1979	1980	1981	1982

D — L'ORGANISATION ADMINISTRATIVE DES MAILINGS POUR UNE PMI

(exemple concret, chapitre 5 de la deuxième partie)

Il n'est pas question de développer ici tous les aspects du mailing. Nous laisserons aux ouvrages spécialisés (1) ce qui a trait aux avantages et inconvénients ; rédaction, présentation et contenu des messages ; détermination des cibles, etc.

Cependant, les renseignements demandés au réseau pour choisir les cibles, définir les buts recherchés dans le mailing, etc. circulant avec les autres informations commerciales, il est intéressant d'examiner rapidement pourquoi une petite et moyenne entreprise peut faire des mailings et comment s'organiser.

1. POURQUOI FAIRE DES MAILINGS ?

Tout d'abord, pour nous, un mailing est un envoi, par poste ou par distribution spéciale, à une catégorie de personnes, de messages informateurs.

La PMI peut donc effectuer des mailings :

a - Pour informer rapidement sa clientèle

- Sortie d'un nouveau produit
- Offre promotielle
- Mise en place d'un nouveau service
- Invitation à des foires, salons, expositions, etc.

b - Pour faire des actions de vente ou les préparer (selon les produits),

- Proposer en VPC (Vente Par Correspondance) des fournitures et du matériel peu technique
- Contrecarrer rapidement la pénétration d'un concurrent sur un territoire donné.

c - Pour faire de la prospection ou la préparer

- Informer les clients potentiels de l'existence de l'entreprise et de ses produits
- Avertir les clients potentiels d'un secteur donné, de la prochaine venue du représentant (avec ou sans prise de rendez-vous ultérieur)
- Tenir informés des prospects, visités au moins une fois, dont leur peu d'intérêt immédiat ne nécessite pas des passages réguliers du représentant.

2. COMMENT S'ORGANISER

Pour qu'un mailing soit efficace, la cible doit être bien définie et parfaite-

1. cf Philippe Lebatteux : **La publicité directe - conception et diffusion**, Les Editions d'Organisation, Paris.

ment connue. Selon les buts recherchés, les destinataires seront donc différents. L'organisation devra permettre une sélection rapide de la cible choisie. D'autre part, les renseignements sur les cibles devront être les plus exacts possibles.

a - Sélection rapide (codification)

Les clients et les prospects seront classifiés selon des critères définis par la direction commerciale. Selon les types d'entreprises et de produits, nous pouvons avoir :

- Importance des entreprises (selon leur chiffre d'affaires, le nombre d'ouvriers total ou bien le nombre d'une catégorie précise de personnel...)

- Lieu d'implantation des entreprises (secteur géographique en correspondance avec les secteurs des représentants ou les secteurs d'impacts publicitaires...)

- Catégories de clientèle (industrie, administration, services, commerces, détaillants-chaînistes, détaillants-indépendants, alimentations, drogueries, etc.)

- Position des personnes destinataires au sein de leur société (PDG et direction générale, chefs d'agence, directeur technique, chefs d'atelier, chefs de chantiers, chefs de bureau d'études, acheteurs, etc.)

- Critères divers : prescripteurs, entreprises non visitables, prospects (toutes les entreprises qui ne sont pas clientes et pas répertoriées autre part).

Chaque client, voire chaque personne d'une même entreprise, sera repéré par un « code mailing » attribué suivant les critères de choix qui peuvent être multiples. Par exemple, un des choix les plus courants comporte deux critères :

Classification selon la fonction de la personne,

Code 01 - Direction générale
Code 02 - Directeur technique
Code 03 - Chef du BE recherche
Code 04 - Chef du BE méthodes
Code 05 - etc.

Classification selon l'importance de l'entreprise,

Code 10 - Entreprises ayant	plus de 100 dessinateurs
Code 11 -	de 50 à 100
Code 12 -	de 30 à 50
Code 13 -	de 15 à 30
Code 14 -	de 8 à 15
Code 15 -	de 4 à 8
Code 16 -	de 1 à 3

S'ajoutera, à côté du numéro de code, lors de la création de l'adresse, la date (exemple 02.79 = février 1979). Dans le cas ci-dessus, nous aurons, par exemple, la codification suivante : 01.11 - 02.79 qui signifie directeur général d'une entreprise ayant entre 50 et 100 dessinateurs, fiche créée en février 1979. Code porté sur la fiche-client-représentant, sur la fiche-client-siège ainsi que sur les adresses originales servant à expédier le courrier.

Le classement s'effectuera selon le type d'adressage choisi. A notre niveau de petite et moyenne industrie, nous en voyons deux, très facile à mettre en œuvre, suivant les quantités d'adresses. Mais d'autres systèmes peuvent être envisagés (voir § c).

- photocopies de planches d'étiquettes autocollantes,

Les planches originales seront réparties en dossiers principaux et en sous-dossiers. Dans le cas précité, nous aurons comme dossiers principaux tous les codes 01 à 05 et dans chacun de ces dossiers, tous les sous-dossiers des codes 11 à 16 (dossier 01 - direction générale et dans ce dossier, tous les sous-dossiers 10 à 16 ; dossier 02 - directeur technique et dans ce dossier, tous les sous-dossiers 10 à 16, etc.). Chaque personne répertoriée ne figurera donc qu'à un seul endroit, repéré par un numéro de code double (01.11 pour l'ensemble des directeurs techniques des entreprises ayant de 50 à 100 dessinateurs.

- plaques-adresses individuelles,

Les plaques seront classées dans des tiroirs adaptés faisant office de dossiers principaux. A l'intérieur, des séparations représenteront les sous-dossiers, comme ci-dessus.

Ce système permettra de sélectionner d'une façon suffisamment fine les cibles en fonction des buts de chaque mailing.

b - Renseignements exacts

Nos messages ont d'autant plus de chance d'atteindre leur destinataire que les renseignements portés sur l'adresse sont exacts. Un fichier vit. Chaque jour, des modifications sont à y apporter.

Outre les retours de courrier, la source principale des informations est, là encore, le réseau. Les représentants doivent donc indiquer au secrétariat commercial toute création et modification, c'est pourquoi la fiche-client du représentant devra comporter un emplacement prévu pour y porter le code mailing (voir exemple de fiche-client-représentant dans la deuxième partie) pour pouvoir le rappeler lorsqu'une modification d'adresse ou de nom sera demandée. Les informations concernant les modifications circuleront au moyen des « comptes rendus d'activité ». Dès réception, le secrétariat créera une nouvelle étiquette ou plaque-adresse, classée au numéro de code concerné, ou bien modifiera en conséquence les éléments existants.

Ces opérations doivent être faites au jour le jour et, de toute façon, au moins une fois par semaine.

c - Méthode préconisée

Selon le but du mailing envisagé, le directeur commercial devra :

- définir le contenu de l'envoi (lettre, document...)
- définir les codes des cibles (un ou plusieurs, voire même, l'ensemble)
- définir la date ou la période d'expédition.

Ensuite, le secrétariat commercial exécutera matériellement le mailing :

- préparer et réunir les documents à envoyer
- les mettre sous enveloppe
- retirer les planches d'étiquettes originales des sous-dossiers et dossiers concernés (ou les plaques-adresses des tiroirs correspondants)
- faire des photocopies de ces matrices sur des étiquettes autocollantes et les coller sur les enveloppes (ou imprimer directement les adresses sur les enveloppes)
- affranchir et expédier.

Remarque : Lorsqu'un représentant se présente chez un client, il lui est parfois utile de connaître les mailings dont il a été destinataire. Pour éviter à l'entreprise, chaque fois qu'un envoi est fait, de fournir les listings des cibles à tous les représentants, il suffit de les informer :

- contenu de l'envoi
- date de l'envoi
- code des destinataires,

en rapprochant les numéros de code des fiches-clients et ceux des destinataires de tel mailing, on sait immédiatement ce que le client en cause a reçu (évitant ainsi au représentant de porter des indications sur chacune des fiches-clients lors d'un même envoi, ce qu'il ne ferait certainement pas !).

Dans le même ordre d'idée, pour connaître les destinataires de tel mailing (au lieu de conserver des listings d'adresses), il suffit de tenir un simple état des envois effectués (celui du tableau de bord par exemple, voir § C, tableau 20 « Modèle pour le contrôle des mailings ») et consulter les dossiers et sous-dossiers (ou tiroirs de classement des plaques-adresses) correspondant aux numéros de code concernés.

Selon la quantité des fiches à traiter et la fréquence des manipulations (fréquence d'envois des mailings, coordonnées changeant souvent ou non, etc.) L'acquisition d'un micro-ordinateur (dont l'intérêt est étudié dans une vue d'ensemble de l'entreprise) ou la sous-traitance des mailings peut être plus avantageux qu'un traitement au sein de l'entreprise. Il est intéressant de faire une rapide étude de rentabilité qui comparera les coûts des différents systèmes possibles :

- traitement manuel pur (frappe individuelle des adresses)
- traitement semi-manuel (planches d'étiquettes-adresses autocollantes)
- traitement semi-automatique (plaques-adresses)
- traitement automatique (micro-ordinateur intégré)
- sous-traitance (appel à une entreprise spécialisée)

d - Planning prévisionnel des mailings, budget, contrôle

Une bonne organisation veut que l'on planifie toute opération d'ordre commercial afin qu'elle s'intègre dans un ensemble cohérent donnant un maximum d'efficacité.

En fonction donc de la stratégie commerciale, définie en début d'année, des projets de mise en œuvre de moyens sont déterminés. Un planning simple donnera une vue d'ensemble des mailings. Il comportera, par exemple :

- Dates d'envois

Tableau 26 : Modèle de tableau prévisionnel des mailings

DATES	BUTS	CONTENUS DES ENVOIS	CIBLES		COUTS	OBSERVATIONS
			CODES	QUANTITES		

- Buts recherchés
- Contenus
- Cibles (leur code, la quantité d'envois)
- Coût de l'opération
- Observations (intégration du mailing dans l'ensemble de la stratégie commerciale - opération amont, opération aval).

D'ailleurs, un tel tableau peut servir à l'élaboration de ce poste du budget commercial en permettant plus particulièrement l'étude prévisionnelle d'actions spécifiques que sont les mailings.

Enfin, bien qu'il soit très difficile de contrôler le rendement des mailings, il est intéressant de chercher à le connaître (avec toute la prudence nécessaire) pour en tirer des enseignements et les améliorer (voir tableau 20 « modèle de tableau de contrôle des mailings » du § C précédent).

E — LE PROJET DE RECRUTEMENT D'UN REPRESENTANT

(exemple concret, annexe du chapitre 3 de la deuxième partie)

Comme pour le § D précédent, traitant de l'organisation des mailings, nous ne développerons pas ici tous les aspects du recrutement et de l'intégration des représentants.

Néanmoins, pour apporter un service complémentaire dans cet ouvrage, nous rappellerons les tâches à accomplir et les questions à se poser pour préparer l'embauche d'un représentant. Nous proposerons un système de rémunération original qui peut s'appliquer dans bien des cas. Enfin, nous indiquerons une méthode simple de calcul du seuil de rentabilité d'un représentant.

Quant au choix du statut juridique du représentant, il est fonction des produits vendus et de la branche d'activité de l'entreprise (VRP statutaire ou non, exclusif ou multicartes...). Son contrat bien défini et précis, sera signé au moment de l'embauche, une simple lettre n'est pas suffisante (voir des modèles de contrats dans des ouvrages spécialisés : *Revue Fiduciaire, Liaisons sociales, Dictionnaires du droit permanent des affaires, etc.*).

1. QUESTIONS A SE POSER

Il est nécessaire de parfaitement définir les points suivants afin d'élaborer le projet d'embauche d'un représentant. Les réponses peuvent être débattues au cours d'une réunion des personnes concernées.

Ces renseignements permettront d'établir :

- L'analyse de la fonction et la description du poste
- Le profil de la personne recherchée
- Son recrutement
- Son intégration
- Son contrôle et sa rémunération (avec tracé des documents qui permettront

de saisir les informations : objectifs/réalisation, analyse d'activité, etc. voir § C sur le tableau de bord).

a - Définir qui il va visiter

- l'ensemble de la clientèle
- une partie seulement de la clientèle ? laquelle ?
- uniquement des prospects ?

b - Définir ce qu'il va vendre

- l'ensemble des produits ?
- uniquement des produits « A », « B » etc.

c - Définir où il va travailler

- quel secteur ?
- secteur géographique fixe ?
- secteur géographique variable ?
- reprise d'un secteur déjà travaillé ?
- création d'un secteur nouveau (évalué selon le potentiel des divers départements le composant, compte tenu des décisions pour a) et b) ci-dessus).

d - Définir ce qu'il doit faire

- uniquement de la visite de clientèle ?
- uniquement de la PLV, de la vente en laissé sur place ?
- visite de la clientèle et mise en place du matériel vendu ?
- assurera-t-il une maintenance légère du matériel ?
- calculera-t-il lui-même les devis ?
- fera-t-il de la prospection ? le suivi de prospection ?
- visitera-t-il les prescripteurs ?
- fera-t-il des enquêtes, études de marché, etc. ?

e - Définir son évolution dans le temps

- Modifiera-t-on sa clientèle (d'abord les petits clients, puis après une période d'adaptation, les plus importants) ?
- Modifiera-t-on ses produits (d'abord des produits standards, puis des produits plus techniques) ?
- Modifiera-t-on son secteur géogaphique (petit secteur, puis plus grand ou bien changement de secteur fréquent) ?
- Modifiera-t-on ses responsabilités (sera-t-il chargé de contrôler des jeunes représentants ou des représentants multicartes) ?

f - Définir sa rémunération et son mode de remboursement des frais

- sera-t-il rémunéré uniquement au fixe, quel sera le montant ?
- sera-t-il rémunéré uniquement en intéressement ? Comment celui-ci sera-t-il calculé ?

- le mode de rémunération sera-t-il mixte ? Comment sera-t-il calculé ? Quel sera le montant du fixe ?
- le remboursement des frais se fera-t-il sur justificatifs ?
- ou bien seront-ils remboursés au forfait ?
- la voiture est-elle fournie par l'entreprise ou bien y-a-t-il une indemnité kilométrique ? Quelle est-elle ? Comment est-elle révisée ?

g - Définir son profil

- quelles sont les qualités qu'il devra avoir ?
- quelles seront ses compétences, sa formation ?
- ce qu'il doit avoir ?
- ce qu'il doit être ?
- quel sera son statut juridique ? quel sera son contrat ?
- quelle sera sa place dans l'organigramme de l'entreprise ?
- qui lui donnera des ordres, qui le contrôlera ?

h - Définir son contrôle

- déterminer les quotas, les objectifs ?
- déterminer son seuil de rentabilité ?
- déterminer quels seront les documents qui permettront la saisie de ces informations ?

i - Définir ses méthodes de travail

- sa serviette
  - fiches-clients de la tournée
  - fiches-clients vierges
  - argumentaires
  - documentations
  - documents administratifs
- sa voiture
  - maquettes
  - échantillons
  - matériel publicitaire
- son plan de travail

j - Définir son recrutement

- date
- par qui
  - conseil extérieur
  - directeur commercial
- planning du recrutement

k - Définir son intégration et la planifier

- comment se fera sa formation aux produits ?
- comment fera-t-il connaissance avec l'entreprise ?
- comment fera-t-il connaissance avec la clientèle ?
- comment évaluer sa compétence à travers ses premiers résultats ?

Schéma 27 : Grille d'évaluation de profil d'un représentant

CARACTERISTIQUES	Impératives	Nécessaires	Intéressantes	Inutiles
Etat-civil				
. Sexe				
. Age				
. Marié, enfants				
. Domicilié				
. Téléphone personnel				
. Véhicule personnel				
. Libéré Q.M.				
. Aspect physique				
Formation				
. Etudes secondaires				
. Etudes supérieures				
. Etudes spécialisées				
. Recyclage permanent				
Connaissances				
. De notre profession				
. De celle des clients				
. De sa région d'activité				
. Langue (parlé, lu,...)				
Expérience				
. De la vente				
. Vente de nos produits				
. Vente à nos clients				
. Technique				
. Introduction clients				
. Années d'expérience				
Divers				
. Hobby, lectures...				
. Disponibilité voyager				
. ....				

2. SYSTEME DE REMUNERATION

Nous n'apprendrons rien en disant que la rémunération d'un représentant se compose généralement de deux parties : l'une fixe et l'autre variable, la plupart du temps en fonction du chiffre d'affaires.

Cette rémunération est d'autant plus sécurisante (pour ne pas dire sclérosante) que le « fixe » en représente la plus grosse partie ; d'autant plus motivante lorsque c'est le « variable ».

Au lieu de rapporter le « variable » au chiffre d'affaires, pourquoi ne pas l'évaluer en fonction d'objectifs spécifiques de la direction commerciale. Ceci afin de pouvoir influencer le travail du représentant dans le sens de la stratégie commerciale qui évolue avec le temps.

Méthode

Des points sont attribués selon des critères précis qui correspondent aux nécessités commerciales du moment. Le nombre de points acquis est très faible à la limite de l'objectif. Lorsqu'il est dépassé, les points s'accroissent rapidement, ceci pour récompenser à leur juste valeur les efforts supplémentaires des représentants.

Une prime, qui elle aussi croît rapidement, est fixée au point et par tranche de points atteinte.

Ces critères, selon les problèmes propres à chaque entreprise, peuvent changer chaque mois, trimestre ou semestre. Les primes peuvent être réglées tous les mois ou trimestres, en totalité ou partiellement (sous condition que l'objectif annuel soit atteint, le règlement du solde s'effectue en fin d'année).

Parmi la grande variété de critères possibles, nous pouvons citer ceux-ci en exemple :

Critère 1 - Nombre moyen de visites par jour (sur le mois)
Critère 2 - Nombre moyen de commandes prises par jour (sur le mois)
Critère 3 - Nombre moyen de produits «A» vendus par jour (sur le mois)
Critère 4 - Nombre moyen de produits «B» vendus par jour, etc.
Critère 5 - Chiffre d'affaires moyen réalisé par jour (sur le mois)
Critère 6 - Nombre moyen de nouveaux clients acquis par jour
Critère 7 - Nombre moyen de prospects visités par jour
Critère 8 - Nombre moyen de mise-en-avant réalisées par jour
Critère 9 - Nombre moyen de démonstrations réalisées par jour
Critère 10 - Nombre moyen de nouvelles références acceptées par jour
Critère 11 - Nombre moyen d'affaires spéciales passées à un autre service de l'entreprise
Critère 12 - Etc.

La sélection des critères est fonction des impératifs commerciaux. Mais on devra toujours prendre un critère « garde-fou » afin que les actions que l'on désire privilégier ne se fassent pas au détriment d'autres actions.

Par exemple, si nous sortons un nouveau produit, nous choisirons le critère 1 (il faut que les représentants visitent le maximum de personnes pour faire connaître ce produit) et les critères 4 et 9 (pour en vendre le maximum). Le critère

« garde-fou » pourrait être le 5 (pour que le chiffre d'affaires ne baisse pas sur les autres produits). Le trimestre suivant ou le mois suivant, le critère 9 pourrait être remplacé par le 8 (présentation du produit nouveau qui vient d'être livré dans les points de vente).

3. CALCUL DU SEUIL DE RENTABILITE D'UN REPRESENTANT

Avant de mettre un représentant exclusif sur un secteur nouvellement créé, il est nécessaire d'essayer d'évaluer le chiffre d'affaires qu'il devra apporter pour atteindre son seuil de rentabilité.

Cette évaluation de chiffre d'affaires supplémentaire que le nouveau représentant doit « sortir », rapproché au potentiel du secteur considéré, permet de juger s'il est opportun ou non de couvrir cette région.

De même, ces calculs peuvent être faits, par exemple chaque année, pour mesurer les niveaux des seuils de rentabilité de chaque représentant.

Si la méthode en est très simple, par contre, il est très souvent difficile d'appréhender la marge commerciale, surtout lorsqu'elle est différente par produit.

Pour calculer le seuil de rentabilité en chiffre d'affaires, il suffit de chiffrer tous les coûts propres au représentant ainsi que ceux des moyens spécialement mis en place pour lui, et, connaissant la marge commerciale en pourcentage, de l'appliquer selon les formules :

- lorsque la marge commerciale est comptée sur le prix de revient total du produit,

$$\frac{\text{Coût du représentant}}{\text{Taux de marge}} \times 100 = \text{Chiffre d'affaires à réaliser}$$

- lorsque la marge commerciale est comptée sur le prix de revient fabrication du produit,

$$\frac{\text{Coût du représentant}}{\text{Taux de marge}} \times 100 + \text{coût du représentant} = \text{Chiffre d'affaires à réaliser}$$

Pour être plus réelle, dans le cas d'un secteur représentant nouvellement créé, l'étude du seuil de rentabilité doit tenir compte du chiffre d'affaires qui était réalisé auparavant sur ce secteur. Chiffre d'affaires qu'il y a donc lieu de rajouter à celui calculé ci-dessus.

Dans les entreprises à produits simples ou dont les prix peuvent être ramenés à une unité de base, il est très intéressant de transformer en nombre de produits ou unités de produits le chiffre d'affaire du seuil de rentabilité. Lors d'une création de secteur, cela permet :

- de savoir si ce nouveau secteur est potentiellement capable d'absorber cette quantité de produits,
- de savoir si l'entreprise pourra fabriquer ces produits en quantité suffisante.

Voir un exemple de calcul du seuil de rentabilité dans le chapitre 3 de la deuxième partie.

★

★ ★

Ce deuxième chapitre nous a permis de nous familiariser avec l'ensemble des documents nécessaires à la bonne circulation de l'information. Le procédé de remplissage des imprimés par décalque et collage des becquets gommés est certainement un des plus pratiques dans la mesure où il limite les recopiages fastidieux. Mais, bien sûr, ce système n'est pas indispensable au bon fonctionnement de l'organisation administrative du service commercial. S'il n'est pas employé, les différentes personnes concernées, représentants ou secrétaires, devront faire un peu plus de travaux administratifs.

Ce principe d'organisation a été mis en place dans bon nombre d'entreprises, adapté aux problèmes de chacune. Cependant, si l'amélioration de leur efficacité a été très sensible, la réorganisation administrative n'en est pas la cause principale, mais l'élément indispensable d'une volonté et d'une politique d'amélioration, au même niveau que le perfectionnement continu du personnel, la délégation des responsabilités, l'aménagement du cadre de travail.

La deuxième partie de cet ouvrage va d'ailleurs nous montrer comment l'application s'est faite dans une entreprise de petite taille.

deuxième partie

APPLICATION PRATIQUE OU LE « MANUEL DE PROCEDURE COMMERCIALE » d'une Petite et Moyenne Industrie

Dans la première partie, nous avons examiné les principes de l'organisation administrative de la fonction commerciale : la recherche des points de départ, de passage et de chute de l'information ainsi que les supports permettant le stockage et la circulation de l'information dans le service commercial.

En possession de tous ces éléments, comment les intégrer — ou les substituer — à ceux existants ? Comment les adapter à la réalité de telle entreprise ?

Pour apporter une réponse à ces questions, nous avons pensé qu'un des moyens les plus efficaces serait la présentation d'une réalisation en entreprise. De quelle façon la montrer ? Eh bien tout simplement en reprenant entièrement le rapport rédigé au cours de cette organisation.

C'est donc le **manuel de procédure commerciale** de cette entreprise que vous allez retrouver dans cette deuxième partie. Pour bien le comprendre, il est nécessaire de connaître rapidement cette entreprise, ses particularités et les buts recherchés.

L'ENTREPRISE

C'est une petite société d'une centaine de personnes travaillant le bois, elle s'est implantée en zone industrielle depuis quelques années. Elle se développe régulièrement en vendant pourtant des produits à des clients dans une branche d'activité en récession : le bâtiment et les travaux publics ! Il est vrai que ses produits (réunis en familles que nous appellerons par leur numéro dans le texte) correspondent à un créneau bien particulier. Et ses plus gros concurrents ne sont que... ses clients eux-mêmes.

Deux types de produits :

- des éléments standards qui peuvent pratiquement être vendus sur catalogues. Ils ne représentent, à l'heure actuelle, qu'un pourcentage réduit (environ 15 %) de la fabrication. Ils sont à développer.

- des ensembles très spéciaux vendus à la commande, répondant à un problème propre et souvent unique du client. Ils sont mis au point par le bureau d'études de l'entreprise, en collaboration avec les responsables du chantier de l'acheteur.

Les produits standards et fabrication spéciale s'adressent donc aux entreprises de bâtiment et travaux publics. Pratiquement, toutes celles-ci peuvent les utiliser, du maçon ayant quelques compagnons aux très importantes sociétés, travaillant maintenant presque en exclusivité pour l'exportation. D'ailleurs par ce biais, notre entreprise attaque les marchés étrangers.

LES PARTICULARITES

Un des problèmes auxquels se heurte l'entreprise, est la localisation des décideurs pour une affaire et la multiplicité des personnes à informer. Qui décide de l'achat ? Le chef de chantier ou le directeur des travaux ? Le responsable de l'agence régionale qui, quelquefois, se trouve à deux ou trois cents kilomètres du chantier, ou bien certains directeurs du siège très souvent placé dans la région parisienne ?

Plusieurs personnes peuvent être concernées par une même affaire, mais se trouvant aux quatre coins du pays : chantier à Carcassonne, agence à Grenoble et siège à Paris ! Comment coordonner les actions commerciales, la circulation de l'information ?

Autre problème : pour un même chantier futur, plusieurs entreprises de BTP soumissionnent. Une bonne partie d'entre elles demandent des études de prix à notre société, donc pour un seul et même ouvrage.

Pourtant, il faut les suivres individuellement pour connaître l'adjudicataire final qui seul pourra éventuellement nous passer une commande.

Enfin, dans cette branche d'activité, notre entreprise se trouve confrontée à une clientèle qui paie mal et qui souvent dépose le bilan. Il lui faut donc être très vigilante avant d'accepter une affaire.

LES OBJECTIFS EN ORGANISATION COMMERCIALE

Actuellement, deux de ses dirigeants s'occupent à temps partiel de la commercialisation en écrémant simplement le marché.

Ils veulent mettre progressivement en place leur service commercial qui se composera de quatre représentants et d'une personne, au bureau d'études, spécialisée pour les devis (à l'heure actuelle, ce sont les deux dirigeants qui calculent eux-mêmes leurs propres devis, sur les plans de leur bureau d'études).

L'organisation administrative de la fonction commerciale doit permettre une extension du réseau, sans modification dans la circulation et dans la conception générale des documents.

Un développement important des produits standards est également prévu, ce qui nécessitera un accroissement constant de la prospection.

Remarque : Dans la recherche des prospects, une information primordiale se situe au niveau de la connaissance des projets de grands travaux et d'ouvrages importants. Des recherches sont donc faites en permanence pour connaître suffisamment à l'avance tous les projets et les organismes ou personnalités en étant responsables. D'où l'importance, dans ce cas-ci, de la « fiche d'information ».

Le « manuel de procédure commerciale » se compose de plusieurs chapitres.

Dans certains chapitres seront également présentés les « fac-similés » des documents utilisés ainsi que les schémas de ventilation et circulation de ceux-ci, propres à la personne ou service concerné.

Pour faciliter la compréhension, un glossaire de certains termes et expressions utilisés est repris ci-après.

GLOSSAIRE DES PRINCIPAUX TERMES ET EXPRESSIONS UTILISES DANS « LE MANUEL DE PROCEDURE COMMERCIALE »

ACCORD COMMERCIAL DEFINITIF

L'agent technico-commercial convient d'un accord avec son client portant sur les problèmes de l'environnement autre que technique de sa commande : délais de livraison, conditions de paiement, particularités, etc.

AFFAIRE SANS SUITE

Projet ayant été purement et simplement abandonné ou considéré comme tel. Le dossier, s'il y a lieu, peut donc être archivé.

AFFAIRE TROP TARD

Notre intervention se situe après que tous les choix ont été faits par le client (ou le décideur) et lorsqu'il n'est plus possible de les modifier.

APPEL

Demande d'un client ou prospect, par téléphone ou par courrier, désirant que l'agent technico-commercial se mette en rapport avec lui.

CLIENT

Entreprise (société ou non, agence ou chantier) ayant commandé au moins une fois.

CODE

Lettre ou chiffre, nombre, employé à la place d'un nom, résultat, titre, produit, etc. pour gagner du temps et de la place sur les imprimés.

CONSULTATION

Demande de prix d'un client ou prospect, soit par téléphone, soit par courrier et se traduisant par l'étude et l'établissement d'un devis.

CONTACT

Notion plus large que la visite. Il est représenté par l'action que peut faire l'agent technico-commercial envers un client ou prospect. Une visite est bien sûr un contact, mais aussi une conversation téléphonique (1), une rencontre fortuite ayant permis un traitement d'un problème, ainsi que la visite effectuée sans avoir pu rencontrer la personne désirée ou bien à une entreprise ou chantier fermé, en grève, etc.

DEBOURS

Somme déboursée par l'agent technico-commercial qui fera l'objet d'un remboursement au moyen de la note de frais.

FICHE MERE

Fiche récapitulant toutes les fiches indépendantes des divers services, agences ou chantiers des grosses entreprises.

INFORMATION

Tout élément non matériel utile à la bonne exécution de la mission confiée (renseignements, directives...) se présentant sous diverses formes (verbale, article presse, téléphone, panneau de chantier...).

1. Exclues, bien entendu, les communications dans le but de prendre un rendez-vous ou d'obtenir un renseignement. Il s'agit uniquement des conversations qui ont économisé une visite (ayant donné lieu à la rédaction d'un compte rendu d'activité).

JUSTIFICATIF

Tout document écrit émanant d'une personne extérieure à la société indiquant le montant et l'objet d'une dépense (note d'hôtel, restaurant, ticket d'autoroute, reçu téléphonique, etc.).

MATRICE (pour les mailings)

Planche originale des adresses des destinataires. Elle sert à faire « tirer » les photocopies sur étiquettes autocollantes pour l'envoi des mailings.

MISE AU POINT TECHNIQUE

Eventuelle action avec le client lorsqu'il a passé une commande pour permettre de bien coordonner les désirs du client avec les possibilités techniques et la fabrication (seulement dans les affaires importantes de produits spéciaux).

PLANCHE MATRICE (voir **matrice** pour les mailings)

PREVISION DE TRAVAUX

Projet de travaux, publics ou particuliers, dont la future et éventuelle réalisation pourrait donner lieu à une offre de service de notre part, soit pour nos produits standards, soit pour nos produits spéciaux.

PROSPECT

Entreprise (société ou non, agence ou chantier) n'ayant jamais commandé (mais qui peut être visitée plusieurs fois).

RELANCE

Action menée, en principe, par l'agent technico-commercial. Elle consiste, à un moment donné, à prendre contact avec le client ou prospect concerné, soit par téléphone, soit par une visite, soit par courrier, pour enlever la décision.

SECTEUR GEOGRAPHIQUE

Les agents technico-commerciaux travaillent sur des secteurs géographiques définis par leur «canevas général des tournées ». Chaque secteur est composé d'un certain nombre de départements.

SIEGE

Sauf mention contraire, chaque fois que ce terme est employé, il s'agit du siège social de notre entreprise (fiche-client-siège, par exemple).

SOUS-SECTEUR GEOGRAPHIQUE

Le secteur géographique étant très vaste, il est découpé en sous-secteurs plus homogènes en potentiel temps afin de mieux organiser le travail de l'agent technico-commercial. Par exemple, le Secteur I (sud-est) comporte six sous-secteurs géographiques.

TECHNICO-COMMERCIAL (Agent)

Personne dont l'activité principale se situe « sur le terrain », chez les clients ou futurs clients, pour les aider à résoudre certains problèmes se traduisant par des commandes directes ou indirectes de produits standards ou de produits spéciaux.

TOURNEE

Succession de visites à des entreprises exécutées par l'agent technico-commercial, suivant un ordre défini.

VISITE

Contrairement au « contact », il s'agit d'une « visite réelle », c'est-à-dire ayant donné lieu, chez un prospect ou chez un client (siège, agence, chantier...), à un entretien avec un décideur ou une personne susceptible d'influencer une décision.

chapitre premier

Le « manuel » de l'agent technico-commerical

Synthèse des tâches de l'agent technico-commercial

• Préparer ses tournées en établissant les « plans de travail »

• Visiter les entreprises pour présenter et vendre les produits désignés par la direction

• Prendre des commandes selon nos conditions générales de vente ou selon les dérogations accordées par la direction

• Recueillir le maximum de renseignements et les transmettre au moyen de la « fiche d'information »

• Tenir compte de l'ambiance qui règne chez les clients pour porter des jugements sur l'opportunité de conclure ou non une vente

• Effectuer des présentations de maquettes de produits.

• Suivre la mise en place et l'installation de nos produits.

Administratif

• Ouvrir et mettre à jour (en se renseignant à chaque visite) les « fiches-clients »

• Classer les « fiches-clients » et transmettre régulièrement les documents et informations demandés

• Etablir chaque jour les « comptes rendus d'activité »

• Etablir les « fiches-devis »

• Etablir une « note de frais » mensuelle

1. IMPRIMES ET MATERIEL

L'agent technico-commercial dispose de :

• « Fiches-clients-A.T.C. » (document numéro 1)
• « Comptes rendus d'activité » (document numéro 4)
• Support-dossier pour remplir les fiches-clients
• Classeurs à anneaux multiples

- « Plans de travail » (document numéro 8)
- « Notes de frais » (document numéro 7)
- « Fiches-devis » (document numéro 3)
- « Fiches d'information » (document numéro 9)
- Agenda 21 × 27
- Carte régionale du secteur, divisée en sous-secteurs
- Canevas général des tournées
- Bon de commande

Il reçoit :

- « Fiches-devis » (du secrétariat ou de la direction)
- « Fiches d'information » (prévisions, consultations)
- Des directives particulières.

2. UTILITE DES DOCUMENTS

• Permet d'avoir tous les renseignements concernant un client (siège ou agence ou chantier important) regroupés sur une seule fiche. Fiches classées par sous-secteurs géographiques.

• Une seule écriture permet de mettre à jour la « fiche-client-ATC » et de remplir simultanément le « compte rendu d'activité » pour informer le siège.

• Le système de classement des « fiches-clients-ATC » permettant une lecture directe des relances, facilite l'organisation rapide des tournées.

« Fiches-clients » à jour + Siège informé + Classeurs en ordre = travail bien organisé et à demi effectué.

3. UTILISATION DES IMPRIMES

a - « **Fiche-Client-ATC**» (document numéro 1)

Origine des renseignements pour l'ouverture de la fiche : annuaires, information venant du siège (revues, publications, information venant d'un autre secteur, etc.), information d'un client, passage sur un chantier, etc.

Quand établir une fiche ?

Lorsque le client ou prospect doit recevoir la visite de l'agent-technico-commercial ou peut être amené à le recevoir. Donc, pour des chantiers importants et de longue durée, ouvrir une fiche. Pour les grosses entreprises, ouvrir une fiche par service (portant le nom du chef de service et de ses principaux collaborateurs avec leur titre ou fonction) et une fiche « mère » récapitulant tous les services avec les noms des chefs de chantier. Dans le cas de dépassement de capacité de lignes, prendre une feuille annexe scotchée sur la fiche.

Remplir la partie signalétique

- Client, ville, adresse, téléphone, profession, origine des relations.
- Dans la case, après le nom du client, indiquer la lettre code :

S = siège de l'entreprise

A = agence
C = chantier

- Après la première visite (ou le premier coup de téléphone) :
• personnes à contacter, fonction, mailing, concurrence,
• rapport de visites ou de conversation téléphonique
• porter le code de la prochaine visite ou coup de téléphone dans la grille en bas à gauche.

Précautions :

• **Client**

Ecrire en lettres majuscules d'imprimerie sous l'appellation habituellement connue (exemple : G.T.N. à la place de Société des Grands Travaux du Nord)

• **Ville**

Ecrire également en lettres majuscules d'imprimerie et faire précéder du code postal.

• **Adresse**

Aussi complète que possible. Eventuellement le numéro de la boîte postale et du cedex pour le courrier.

• **Téléphone**

Le noter au crayon à papier (il peut changer) sans oublier l'indicatif.

- **Profession,** nous retiendrons simplement les grandes branches suivantes :
• BTP (Travaux Publics seuls)
• B (Bâtiment seul)
• TP (Travaux Publics seuls)
• Préfabricateur
• Prescripteur (BE Ingineering, Administration...)
• client ancien
• publicité du « Moniteur »
• publicité de... (autre publication)
• mailing
• annuaire (Sageret, Fadin, etc.)
• information de M. X... de l'entreprise Z...
• etc.

- **Personnes à contacter**
• indiquer le nom et le prénom en faisant attention à l'orthographe exacte,
• mentionner également la fonction ou le titre
• faire suivre le nom, entre parenthèses, du mois et de l'année d'inscription sur la fiche (exemple 03.79), en fonction de la liste des mailings effectués, remise par la direction commerciale, il sera facile de savoir ce que les personnes auront reçu et quand.

- **Code mailing employé :**
• 01 = P.D.G. et haute direction
• 02 = Chef d'agence
• 03 = Directeur de travaux, chef de service, ingénieur d'affaires, responsable des études de prix

- 04 = Conducteur de travaux, métreur
- 05 = Chef de chantier
- 11 = Société nationale et internationale
- 12 = Société régionale importante
- 13 = Société régionale moyenne
- 14 = Société régionale petite

• Classe A = Prescripteurs (bureaux études ingineering, architectes, administrations...)

• Classe B = Entreprise non visitable (non valable de la visiter régulièrement, mais possibilité de faire des affaires dans le temps)

• Application : chaque entreprise (sauf classes A et B) devra avoir deux numéros, un dans la série 01 à 05 et un autre dans la série suivante de 11 à 14.

- **Concurrence,** cocher la case correspondante concernant la sous-traitance ou la fabrication intégrée :

• sous-traitance habituelle : l'entreprise fait sous-traiter systématiquement la presque totalité de ses produits.

• sous-traitance occasionnelle : elle ne fait sous-traiter que les produits qu'elle ne peut faire exécuter par son service.

• fabrication intégrée : l'entreprise cliente exécute elle-même tous les produits que nous pourrions lui vendre (à travailler quand même pour qu'elle change sa façon de faire).

- **Client ou prospect** : cocher la case correspondante (client = entreprise qui nous a commandé au moins une fois ; prospect = entreprise qui ne nous a jamais passé de commande. Ce code changera donc dans le temps).

- **Observations,** porter les renseignements intéressants, tels que :

• nombre de salariés de l'entreprise

• appartenance à un groupe

• activité à l'exportation (en pourcentage du CA)

• état de l'activité (avec date de l'observation entre parenthèses) : augmentation ou diminution de l'activité, difficultés de trésorerie, etc.

• coordonnées des petits chantiers (au crayon à papier)

• ambiance générale (qualité des installations, aspect, accueil, etc.)

• Classe = code de marge fourni par la direction commerciale en fonction de chaque client et de la politique des prix.

La partie signalétique, au moyen d'un carbone, permet de remplir un feuillet détachable gommé qui, remis au siège, servira à ouvrir la « fiche-client-siège ». Ces feuillets doivent être remis chaque fin de semaine au secrétariat avec les « comptes rendus d'activité ».

Utilisation de la partie devis

Elle sera utilisée pour coller les bandelettes des « fiches-devis » reçues du siège (ou éventuellement celles établies par l'agent-technico-commercial lorsqu'un prix est donné de vive voix ou par téléphone et qui n'est pas confirmé par courrier (voir § c). Les résultats des offres seront portés dans la colonne de droite :

Date : date à laquelle on a connaissance de la décision prise pour cette affaire,
Code : porter la lettre correspondante,
A = Commande passée (doit être suivi du montant HT de la commande)
Z = Autre adjudicataire (doit être suivi du nom de l'entreprise adjudicataire)
Y = Affaire perdue, commande passée à un concurrent (doit être suivi du nom du concurrent et du motif succinct du choix : prix, délais, etc.)
W = Cette entreprise fabrique elle-même le produit concerné par cette affaire (faire suivre également du motif : prix, délais, etc.)
B = Autre solution (l'entreprise cliente ne donne pas suite ou bien un autre procédé est utilisé, etc.)

En attendant de connaître les résultats, indiquer dans cette colonne et au crayon, la date de relance souhaitable et son mode (visite ou simple coup de téléphone).

Pour visualiser très rapidement les transformations des devis en commandes, les cases de la partie supérieure de la fiche seront complétées ainsi :

 = devis

 = commande faite (du devis correspondant)

Ces cases sont complétées au crayon et gommées en fin d'année, lorsque le nombre de devis et de commandes sont reportés sur la ligne de l'année correspondante.

Enfin, chaque année on calculera le chiffre d'affaires total (brut HT) ainsi que le nombre de commandes et de devis réalisés.

Planning des visites

Les douze cases de la partie inférieure gauche permettent de visualiser l'époque de la prochaine visite ou du prochain contact. La mention se fera au crayon, selon le mode suivant :

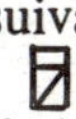= Visite à effectuer dans la première quinzaine du mois de septembre prochain.

= Visite à effectuer **impérativement** dans la première quinzaine du mois de septembre prochain.

= Visites ou contacts avec plusieurs personnes dans la première quinzaine du mois de septembre prochain. Pour savoir avec qui et pour quels motifs, il suffit de parcourir les colonnes « dates » des devis et « prochaines visites » des rapports, au verso de la fiche.

= Visite courant du mois de septembre de l'année indiquée.

= Téléphoner dans la deuxième quinzaine du mois de septembre prochain.

= Téléphoner à la personne n° 2, dans la deuxième quinzaine du mois de septembre prochain.

Au verso de la fiche

Après chaque visite (ou éventuellement conversation téléphonique dont « la consistance » pourrait être assimilée à une visite), remplir un rapport abrégé :

• Placer la fiche et le « compte rendu d'activité » sur le support/dossier selon les perforations et les lignes correspondantes,

Fac-similé 1 : Fiche-client-agent technico-commercial (document numéro 1)

recto

CODES RESULTATS DES DEVIS : A = COMMANDE W = EXECUTION PAR L'ENTREPRISE
B = AUTRE SOLUTION Z = AUTRE ADJUDICATAIRE Y = CONCURRENT

CHIFFRES D'AFFAIRES	1978 43000	19	19	19	19
NOMBRE DE DEVIS	1978 1	19	19	19	19
NOMBRE DE COMMANDES	1978 1	19	19	19	19

N°	DATES	N° DEVIS	PERSONNE	PRODUITS	P.U.	QUANTITES	PRIX	CHANTIERS	RESULTATS DATES	RESULTATS CODES	RESULTATS OBSERVATIONS
1	2.11.78	8.518	② ③	5	345F/m²	122 m²	43.000	SISTERON	12/78	A	42.725 F HT
2	15.11.78	8.612	③	4	210F/m²	80 m²	16.800	NICE	12/78	W	délais trop longs
3	8.1.79	9.45	②	3	155F/m²	98 m²	15.200	SISTERON	2/79	Z	Sté BASTET (prix)
4	5.3.79	9.205	③	4	225F/m²	57 m²	12.900	NICE	relancer le 26.3.79		
5											
6											
7											
8											
9											
10											
11											
12											
13											
14											
15											
16											
17											
18											
19											

OBSERVATIONS 210 salariés, trésorerie saine, activité stable, bonnes installations CLASSE 1
Chantiers : DARSE n° 4 à FOS ; Echangeur du Loup à NICE ; Déviation SISTERON (03.79)

	PERSONNES A CONTACTER	FONCTION	MAILING	
1	Louis MERAT (10.78)	Directeur Général	01	12
2	Jean-Luc CHAPUS (10.78)	Directeur Travaux	03	12
3	Alain NAVARRO (10.78)	Chef chantier	05	12
4				
5				
6				

CONCURRENCE
- SOUS-TRAITANCE HABITUELLE ☐
- SOUS-TRAITANCE OCCASIONNELLE } BOIS ☒
- SOUS-TRAITANCE OCCASIONNELLE } METAL ☐
- FABRICATION INTEGREE ☐

CLIENT ☒ PROSPECT ☐

PROFESSION BTP ORIGINE DES RELATIONS : Pub "Moniteur" (10.78)

ADRESSE 77, rue Docteur Simone Sedan TEL. : (91) 47.20.66

1	2	3	4	5	6	7	8	9	10	11	12
/	/	*	/	/	/	/	/	/	/	/	/

CLIENT G.T.N. S VILLE 13005 MARSEILLE

Fac-similé 1 : Fiche-client-agent technico-commercial (document numéro 1)

verso

DATES	1	2	3	4	5	6	7	8	9	10	11	RAPPORTS ABREGES DE VISITE	RELANCES
4.10.78		x		x								②⑤ Projet travaux pour Dauzhon SISTERON (100 à 150 m² Prod. 5)	20/10
20.10.78		x										②⑤ Faire Devis 122 m² prod. 5. Attention délais (déb. décembre)	6/12
8.11.78										x		③ Faire Devis 80 m² produit 4	6/12
6.12.78										x		② Passe cde devis 8.518 (122 m² prod. 5) Livraison mi déc.	4/1/79
												③ Devis 8.612 Affaire perdue (délais)	
5.1.79						x		x				② Livraison R13. Devis 98 m² prod. 3	Rn 02
27.2.79						x						② Devis 9.45 Affaire perdue (trop cher)	
						x						③ Faire devis 57 m² prod. 4 selon plans client	26.03

CODES
1. VISITE A UN PROSPECT SANS PROBLEME IMMEDIAT
2. VISITE A UN PROSPECT AYANT UN PROBLEME
3. VISITE A UN PROSPECT SUITE A SON APPEL
4. VISITE A UN PROSPECT SANS APPEL
5. VISITE A UN CLIENT SANS PROJET
6. VISITE A UN CLIENT AYANT UN PROBLEME
7. VISITE CLIENT SUITE A SON APPEL
8. VISITE SUITE A UNE COMMANDE
9. VISITE SUITE A UNE LIVRAISON
10. CONVERSATION TELEPHONIQUE
11. CLIENT REÇU A NOTRE USINE

• Porter la date,

• Cocher la case (ou les cases) du code correspondant :

1 = visite à un prospect sans problème de produit immédiat

2 = visite à un prospect ayant un problème de produit.

3 = visite à un prospect, suite à son appel, soit courrier, téléphone, etc.

4 = visite à un prospect sans appel

5 = visite à un client, sans problème de produit immédiat (visite dite « d'entretien »)

6 = visite à un client ayant un problème de produit

7 = visite à un client suite à son appel, soit par courrier, soit par téléphone, etc.

8 = visite à un client ayant passé une commande pour mettre au point techniquement le produit

9 = visite à un client après mise en place du produit pour vérifier la bonne marche

10 = renseignements obtenus suite à une conversation téléphonique (ou sans déplacement spécial : rencontre fortuite de la personne, courrier...)

11 = visite d'un client ou d'un prospect à notre usine

• Porter l'essentiel de la visite (ou de la conversation téléphonique) en un minimum de lignes. Dans le cas d'un problème important, faire un rapport spécial additif.

• Au lieu d'indiquer en toutes lettres le nom de la personne ou des personnes rencontrée (s), ne porter que son ou leur numéro (voir au recto de la fiche)

• Enfin, indiquer la date du prochain contact en tenant compte du canevas général des tournées :

- date seule = visite à faire
- date suivi de T = téléphoner simplement.

Dépassement de la capacité de la fiche

Ceci peut arriver, soit pour les devis, soit pour les noms de personnes, soit pour les rapports de visite. Prendre une feuille annexe ou, si la fiche est ancienne, prendre une autre fiche.

Fiche périmée

Lorsqu'une fiche (chantier ou autre) est périmée (chantier terminé, suppression d'agence, faillite de l'entreprise, etc.), il y a lieu de la conserver en archives personnelles de l'agent-technico-commercial pour éventuellement faire des recoupements ultérieurs lorsque les personnes dispersées refont surface (utiliser un classeur à anneaux uniquement pour les archives).

b - « Compte rendu d'activité » (document numéro 4)

Le système employé permet de remplir simultanément la fiche client et le « compte rendu d'activité » au moyen du support/dossier à ergots. Les « comptes rendus d'activité » sont faits :

- en double exemplaire (dont un perforé et gommé)
- chaque journée (entière ou partielle) de travail sur un imprimé différent.

Il est remis chaque fin de semaine au secrétariat commercial.

Fac-similé 2 : Compte rendu d'activité (document numéro 4)

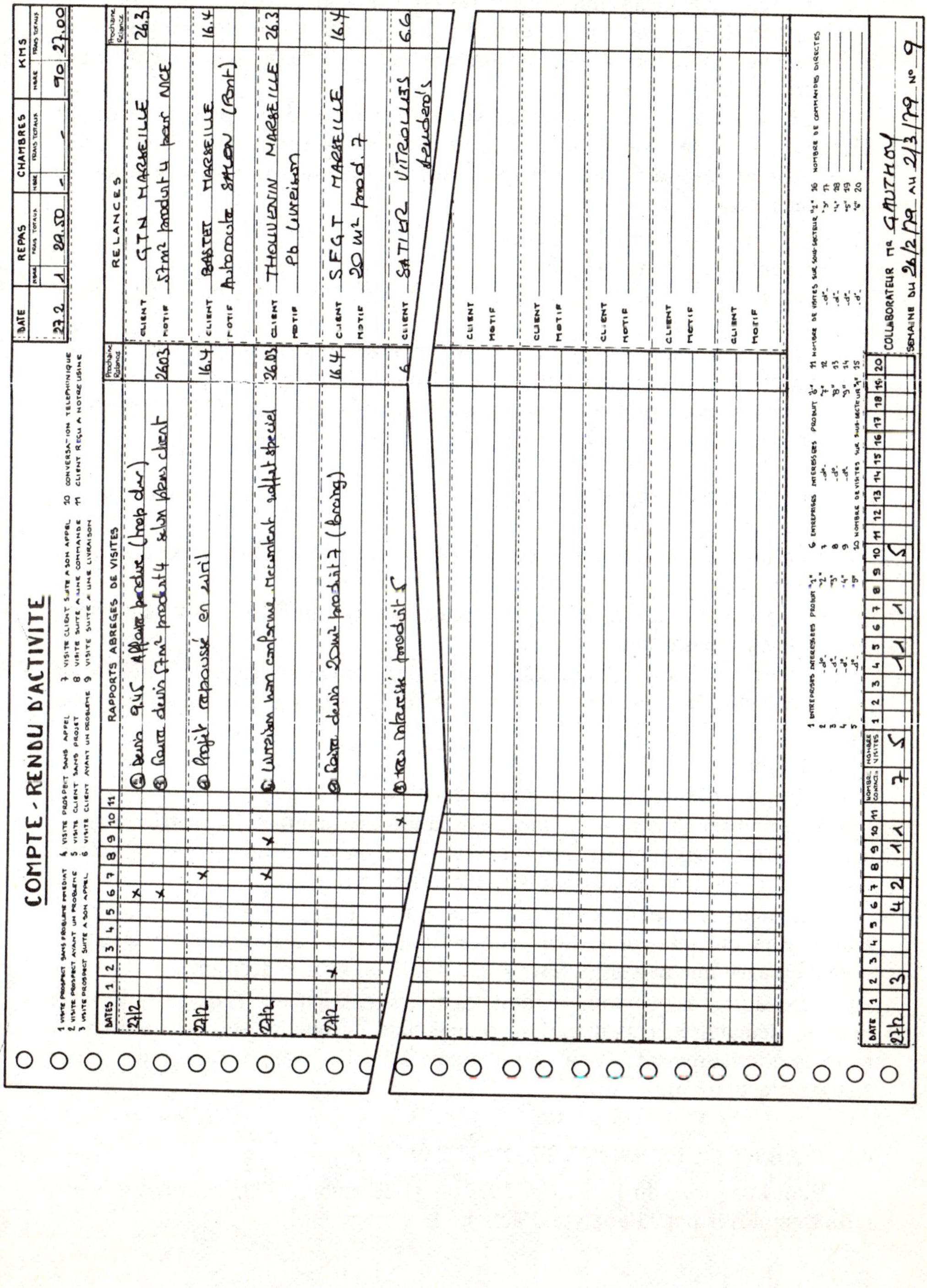

COMPTE-RENDU D'ACTIVITE

DATE	REPAS Nbre	REPAS Frais totaux	CHAMBRES Nbre	CHAMBRES Frais totaux	KMS Nbre	KMS Frais totaux
27.2	1	29.50	-	-	90	27.00

1 visite prospect sans problème immédiat
2 visite prospect avant un problème
3 visite prospect suite à son appel
4 visite prospect sans appel
5 visite client sans projet
6 visite client avant un problème
7 visite client suite à son appel
8 visite suite à une commande
9 visite suite à une livraison
10 conversation téléphonique
11 client reçu à notre usine

DATES	1	2	3	4	5	6	7	8	9	10	11	RAPPORTS ABREGES DE VISITES	Prochaine Relance
27/2						x						① Devis 9.45 Affaire perdue (trop cher)	
						x						② Fournir devis 57 m² produit 4 selon plans client	26.03
27/2							x					② Projet repoussé en avril	16.4
27/2							x		x			① Livraison non conforme mécontent suffit spécial	26.03
27/2	x											② Faire devis 20 m² produit 7 (bring)	16.4
										x		③ très intéressé produit 5	6

RELANCES		Prochaine Relance
CLIENT	GTN MARSEILLE	26.3
MOTIF	57 m² produit 4 pour NICE	
CLIENT	BASTET MARSEILLE	16.4
MOTIF	Autoroute SALON (Pont)	
CLIENT	THOUVENIN MARSEILLE	26.3
MOTIF	Pb livraison	
CLIENT	SFGT MARSEILLE	16.4
MOTIF	20 m² prod. 7	
CLIENT	SATIER VITROLLES	6.6
	Bendero's	
CLIENT		
MOTIF		
CLIENT		
MOTIF		
CLIENT		
MOTIF		
CLIENT		
MOTIF		
CLIENT		
MOTIF		

1 entreprises intéressées produit "1"
2 -d°- "2"
3 -d°- "3"
4 -d°- "4"
5 -d°- "5"
6 entreprises intéressées produit "6"
7 -d°- "7"
8 -d°- "8"
9 -d°- "9"
10 nombre de visites sur sous-secteur "1"
11 nombre de visites sur sous-secteur "2"
12 -d°- "3"
13 -d°- "4"
14 -d°- "5"
15 -d°- "6"
16 nombre de commandes directes
17
18
19
20

DATE	1	2	3	4	5	6	7	8	9	10	11	NOMBRE CONTACTS	NOMBRE VISITES	1	2	3	4	5	6	7	8	9	10	11	12	13	14	15	16	17	18	19	20
27/2	3					4	2		1	1		7	5				1	1		1			5										

COLLABORATEUR Mr GAUTHOY

SEMAINE DU 26/2/79 AU 2/3/79 N° 9

Mode de remplissage :

- Ne remplir qu'une case numérotée par visite (elle comportera éventuellement des renseignements supplémentaires pour le siège en ce qui concerne toute modification de la partie signalétique de la fiche-client, en cas de changement de personne, ne pas oublier d'indiquer son numéro de code mailing pour modifier les matrices d'adresses-mailings).

- La partie « rapport abrégé de visite » est remplie automatiquement par décalque lors de la mise à jours de la fiche-client. Après avoir enlevé la fiche-client, rajouter éventuellement les indications qui permettront de tenir à jour la fiche-client-siège.

- Compléter la partie « relances » :

• Client = le nom et la ville.

• Motif = très succinct (par exemple : décision, devis résultat adjudication, etc.)

• Prochaine visite = date exacte si visite impérative ou simplement semaine (suivie d'un T si un appel téléphonique suffit).

— Partie « note de frais » ; la case supérieure droite permet la préparation de la note de frais, y indiquer :

• La date

• Le nombre de repas et le débours total pour le ou les repas de la journée (ne pas compter ici le petit déjeuner).

• Le nombre de chambres (en principe une seule nuit) et le débours total (petit déjeuner inclus).

• Le nombre de kilomètres et le débours total calculé en fonction de l'indemnité kilométrique allouée.

— Partie « analyse d'activité », la partie inférieure sert pour l'analyse de l'activité et pour la tenue du tableau de bord de la direction commerciale. Y porter :

• La date

• Le total des cases cochées dans chacun des 11 codes

• Le nombre total de « contacts » de la journée (contacts = visites réelles + conversations téléphoniques importantes + rencontres fortuites + visites effectuées sans pouvoir rencontrer la personne intéressante, etc.)

• Le nombre total de « visites » de la journée (visites = visites réelles, c'est-à-dire celles qui ont donné lieu à un entretien avec un décideur, prospect ou client, ou avec une personne susceptible d'influencer une décision).

• Les autres cases : nombre total des divers renseignements quantitatifs de la journée, demandés par la direction commerciale en fonction de codes qui seront précisés ultérieurement. (Voir, pour année à venir, ci-après : annexe « codes analyse d'activité »).

ANNEXE « CODES ANALYSE D'ACTIVITE »

Pour la période du 1er janvier 1979 au 31 décembre 1979, les codes suivants seront employés pour l'analyse d'activité :

- 1 = Entreprise intéressée par notre famille de produits 1
- 2 = -d°- = 2
- 3 = -d°- = 3
- 4 = -d°- = 4
- 5 = -d°- = 5
- 6 = -d°- = 6
- 7 = -d°- = 7
- 8 = -d°- = 8
- 9 = -d°- = 9
- 10 = Nombre de visites effectuées sur le sous-secteur 1
- 11 = -d°- 2
- 12 = -d°- 3
- 13 = -d°- 4
- 14 = -d°- 5
- 15 = -d°- 6
- 16 = Nombre de commandes directes
- 17 = Code momentanément inutilisé
- 18 = -d°-
- 19 = -d°-
- 20 = -d°-

Les cases correspondantes de chaque feuille « comptes rendus d'activité » (partie inférieure) devront être remplies soigneusement chaque jour afin de permettre au secrétariat commercial de tenir le tableau de bord.

c - « **Fiches-devis** » (document numéro 3)

Chaque fin de semaine, le secrétariat commercial remet les bandelettes gommées de mise à jour. Il faut donc les coller sur les fiches-clients concernées et déterminer **immédiatement** à quelle date doit se faire la relance :

- soit l'agent technico-commercial est déjà informé,
- soit il suit les instructions ou les informations de la direction commerciale,
- soit il prend immédiatement contact par téléphone avec le client.

Porter cette date de relance au crayon (effacée lors de la décision) dans la partie « résultats ». Eventuellement, en informer le secrétariat (ce sera fait automatiquement car s'il y a eu contact = établissement d'un « compte rendu d'activité », donc becquet gommé à coller sur la fiche-client-siège).

Lorsque l'agent technico-commercial est amené à donner un prix par téléphone ou de vive-voix (si le prix n'est pas ensuite confirmé par courrier), il établit lui-même la « fiche-devis » correspondante en deux exemplaires. Il colle une bandelette sur sa propre fiche-client et remet l'autre exemplaire en fin de semaine au secrétariat commercial pour la mise à jour automatique de la fiche-client-siège.

Fac-similé 3 : Fiches-devis (document numéro 3)

FICHES - DEVIS

IMPORTANT : COMMENCER PAR LE BAS DE LA FEUILLE ORIGINAL A COLLER SUR FICHE-SIEGE, DOUBLE SUR FICHE AGENT TECHNICO-C!

DATES	N° DEVIS	PERSONNES	PRODUITS	P.U.	QUANTITES	PRIX	CHANTIERS	ENTREPRISES CONCERNEES
								CLIENT VILLE SECTEUR
5.3.79	9.206	②	7	120 F/m²	100m²	12.000	LYON	CLIENT VALOR VILLE St PONS SECTEUR I
5.3.79	9.205	③	4	225 F/m²	57m²	12.900	NICE	CLIENT GTM VILLE MARSEILLE SECTEUR I

Mentions de la « fiche-devis » :

Date : celle de l'établissement du devis ou du prix

N° d'affaire : numéro du registre des devis (dans le cas d'un prix donné verbalement, il n'y en a donc pas)

Personne : numéro de code de la personne (ou des personnes) concernée chez l'entreprise cliente

Produit : indiquer le type du produit et sa famille

Prix unitaire suivi de l'unité employée (exemple 330/m2 = 330 F au mètre carré)

- mètre carré (m2)
- mètre linéaire (ml)
- produit standard (P)
- forfait (F)

Quantité : nombre d'unités

Prix : montant total brut HT du devis

Chantier : destination du matériel

Client, Ville, Secteur : pour que le secrétariat puisse repérer immédiatement de quelle entreprise il s'agit.

d - Classement des fiches-clients

Les fiches-clients sont réunies par sous-secteurs géographiques dans les classeurs à anneaux multiples. Il y a donc un classeur par sous-secteur. Chaque classeur est subdivisé en départements et localités importantes du département.

Chaque fiche est décalée par rapport à la précédente de façon qu'apparaissent le nom de la ville, le nom du client, ainsi que le calendrier des relances. Bien faire attention que des fiches ne soient pas recouvertes.

Il est inutile de les classer par ordre alphabétique, simplement au fur et à mesure de leur création. Les fiches ne sont sorties du classeur que pour leur mise à jour.

Chaque subdivision est partagée en deux parties :

1 - devis à relancer

2 - visites courantes

Exemple de classement :

Classeur 2 « Côte d'Azur »

subdivisions : Toulon 1 (devis à relancer sur Toulon/ville)

Toulon 2 (clients et prospects de Toulon/ville)

Var 1 (devis à relancer sur le département)

Var 2 (clients et prospects du département)

Nice 1
Nice 2 idem ci-dessus, etc.

Il est possible qu'au fil des années et en fonction de l'importance des départements, certains de ceux-ci soient encore subdivisés en Est, Nord, Sud, etc.

e - « Plan de travail » (document numéro 8)

Il est indispensable pour préparer rationnellement la tournée. Il planifie le

Fac-similé 4 : Plan de travail (document numéro 8)

N° 9

PLAN DE TRAVAIL SEMAINE DU 26/2 AU 2/3/79 MONSIEUR GAUTHEY

LUNDI 26	9h	TRACOR / TOULON Mr Rabut		
		MATIS 18, rue République TOULON	15h	Sté MATERNI / TOULON Mr Paul
		Sté ASTIC 25, rue XVe Armée –		(mise en place livraison)
	11h	S I T B T P / LA GARDE Mr Juin		
MARDI 27	8h30	GTN / MARSEILLE Mr Chabus	14h	SATIER / VITROLLES Mr Lavarre
				SFEDP / VITROLLES Prospection
	10h30	Sté BASTET / MARSEILLE Mr Bastet,		Sté LAMBERT / MARIGNANE –
		Ets THOUVENIN Allee Ste Marguerite		
		SFGT / MARSEILLE Mr Arzpède		
MERCREDI 28		Ets GUERI / MARIGNANE Prospection	14h	PAM / FOS Mr Farot
	10h	POIZAT / MARIGNANE Mr Dubaud		SOLTER / FOS Mr Agzy
		S.D.S / MARTIGUES Prospection	15h	ICIAT / FOS Mr Petitjean
	11h	SNIA / – Mr Ranck		HYPER / FOS Mr Chabrout
JEUDI 1	9h	BROSOLETTE / SALON Mr Michel	14h30	Sté SEIGNOUR / LAMANON Mr Denis
		CGEF / SALON Mr Brias		PEYRE / LAMANON prospection
	10h30	Ets SOLEIL / SALON Mr Danial	16h	S C F T P / LAMANON Mr Mielan
		ESIM / SALON Mr Laporte		DELIVRE / SENAS Mr Edouard
		ARPEGE / SALON Prospection		
VENDREDI 2		A l'usine		A l'usine
SAMEDI				

PREVISIONS DES TOURNEES A VENIR

SEMAINE N° 10	SOUS-SECTEUR N° 3/1
SEMAINE N° 11	SOUS-SECTEUR N° 2
SEMAINE N° 12	SOUS-SECTEUR N° 6
SEMAINE N° 13	SOUS-SECTEUR N° 1
SEMAINE N° /	SOUS-SECTEUR N° /

travail d'une semaine en fonction des rendez-vous importants qui sont les points-clefs.

- Prendre les rendez-vous importants (selon le canevas général des tournées et les dates de prochaines visites prévues sur les fiches-clients), en commençant par le plus urgent, etc.

- Ensuite, compléter chaque journée par des visites qui seront effectuées sans prise de rendez-vous préalable.

- Dans le cas où le canevas général des tournées est modifié pour les semaines à venir, porter cette modification dans la case réservée (emplacement du samedi après-midi).

Le plan de travail est établi en deux exemplaires par l'agent technico-commercial au moyen de la liste des entreprises à visiter fournie par la direction. Le double, envoyé au siège, permettra au directeur commercial de savoir où et quand il peut joindre son collaborateur pour lui transmettre une information très importante (d'ordre professionnelle ou bien personnelle).

f - « **Note de frais** » (document numéro 7)

Chaque jour où des frais de déplacement sont engagés, l'agent technico-commercial colle lui-même les papillons correspondants, prélevés sur les « comptes rendus d'activité », sur sa fiche « note de frais ».

En fin de mois, il la complète des autres dépenses éventuelles et la fait parvenir signée au siège, accompagnée des justificatifs. Le règlement interviendra dans le courant de la semaine suivante, soit par virement, soit par chèque bancaire ou postal, selon les désirs de l'agent technico-commercial.

g - « **Fiche d'information** » (document numéro 9)

La direction commerciale ou le secrétariat peuvent être amenés à fournir des informations sur des projets ou des consultations directes de clients. Ces informations circulent au moyen des « fiches d'information ».

Il y a lieu d'en vérifier le plus rapidement la valeur (téléphone, questions au cours de visites normales, visites spéciales, etc.). Elles peuvent être :

- sans suite : annoter en conséquence la fiche d'information.
- concerne un client ou prospect déjà fiché : porter les renseignements sur la fiche-client sans omettre la période de relance. Cette mise à jour de la fiche-client existante donne lieu à l'établissement d'un « compte rendu d'activité » (en effet, la confirmation de la valeur des informations a été faite soit par téléphone, soit par une visite).
- concerne un nouveau client ou prospect : donc ouvrir une fiche-client et la classer, toujours sans omettre d'indiquer la période de relance. Comme dans le cas précédent, cette opération donne lieu à l'établissement d'un « compte rendu d'activité ».

Dans tous les cas, après exploitation, retourner la fiche d'information au secrétariat après y avoir porté la ou les mentions adéquates :

Fac-similé 5 : Note de frais (document numéro 7)

NOTE DE FRAIS

MOIS Février ANNEE 1979

MONSIEUR GAUTHEY

DATES	REPAS		CHAMBRES		KMS	
	Nbre	FRAIS TOTAUX	Nbre	FRAIS TOTAUX	Nbre	FRAIS TOTAUX
01	2	59.50	1	68.00	55	16.50
02	1	29.00			312	93.60
05	2	49.00	1	55.00	248	74.40
06	2	48.20	1	50.00	201	60.30
07	2	61.00	1	58.00	123	36.90
08	2	57.50	1	67.00	107	32.10
09	1	25.50			209	62.70
12	1	29.00			54	16.20
13	2	58.70			60	18.00
14	2	54.30			98	29.40
15	2	57.00			58	17.40
16	2	47.00			44	13.20
19	2	59.20	1	65.50	418	125.40
20	2	49.50	1	65.50	204	61.20
21	2	54.70	1	68.70	107	32.10
22	2	56.30	1	65.50	199	59.70
23	2	61.10			450	135.00
26	2	47.20	1	69.50	212	63.60
27	1	29.50			90	27.00
28	1	25.20			110	33.00
TOTAUX	35	958,40	10	632,70	3359	1007,70

DATES	DESIGNATION	SOMMES
	TOTAL DES FRAIS DE REPAS	958.40
	TOTAL DES FRAIS DE CHAMBRES	632.70
	TOTAL DES FRAIS KILOMETRIQUES	1007.70
	Indemnité voiture	800.00
	Autoroutes du mois	49.00
	Telephone	127.70
	MONTANT TOTAL A PAYER	3575,10

A Marseille LE 3.3.78

SIGNATURE

VISA DIRECTION

VISA COMPTABILITE

PAYE LE : 7.3.78

PAR : cheque CA n° 175.8937

Fac-similé 6 : Fiche d'information (document numéro 9)

NOM DU CLIENT: ALLIZONA — DATE: 12.2.79 — N° AFFAIRE:

LIEU DE LIVRAISON (CHANTIER): TRICASTIN — FICHE A EXPLOITER PAR: Mr Gauthey

NATURE DES PRODUITS: Produit 7 — SECTEUR: I

PERSONNE INTERESSEE SUR CHANTIER/CLIENT: Mr Jean — TEL CHANTIER: 75.72.80

PERSONNE CONCERNEE AU SIEGE/CLIENT: Mr Anfonssi — TEL SIEGE: 47.43.18

SOURCE DE L'INFORMATION: Mr Richard client

INFORMATION: Projet de construction d'un ensemble pour la Centrale nucléaire

ENTREPRISES CLIENTES/PROSPECTS SUR L'AFFAIRE

NOMS DES ENTREPRISES	NOMS DES RESPONSABLES
THOUVENIN	?
Sté BASTET	Mr Bastet
Sté ACRON	Mr Quadrelus

RESULTATS DE L'EXPLOITATION: 6/3/79
Affaire très importante 200 à 300 m² produit 7
- client BASTET très bien placé à suivre

ADJUDICATAIRE:
Sté BASTET
Av. du Prado MARSEILLE
(client)

- sans suite
- trop tard
- affaire en cours, client (compte rendu d'activité du...)
- affaire en cours, prospect (-d°-)
- création fiche-client (-d°-)
- à relancer le...
- etc.

Lorsque des devis, suite à des appels d'offres pour un même chantier, sont établis pour plusieurs clients, chaque devis suit la procédure normale (voir c. « fiches-devis »). Lorsque l'adjudicataire est connu, il faut porter sur chacune des autres fiches-clients concernées le résultat, c'est-à-dire : date, plus code « Z » (autre adjudicataire) et en face le nom de cet adjudicataire. L'affaire, ainsi terminée pour les entreprises clientes non adjudicataires, suit la procédure normale pour l'entreprise restant en course. Le secrétariat porte ceci à la connaissance de l'agent technico-commercial au moyen de la « fiche d'information » : arrivées d'appels d'offres, affaire perdue ou commande faite, adjudicataire connu, etc.

h - Circuit des documents

La ventilation et la circulation des documents sont données dans un schéma présenté ci-après

4. METHODE DE TRAVAIL

Un « canevas général des tournées » est pré-établi par la direction commerciale pour les mois à venir. Il tient compte de la fréquence de présence nécessaire sur chaque sous-secteur, compte tenu de leur potentiel.

Il est bien entendu que ce canevas pourra être modifié en fonction des impératifs, mais le rythme des périodicités de visite devra être conservé ».

Les rendez-vous très importants à prendre, de même que certaines relances ou actions spécifiques (séminaires, expositions, etc.) seront notés sur l'agenda.

Les fiches-clients, correctement renseignées des dates de prochaines visites et bien classées, fournissent automatiquement le planning de visites.

Nota :

Lorsque l'on prévoit la date de prochaine visite d'un client, bien faire attention qu'elle coïncide avec le « canevas général des tournées » en vigueur (selon les dernières modifications).

Dans la mesure où la date de prochaine visite ne coïncide pas, voir avec le client si cette visite peut être décalée. Si non, se poser la question : « Est-ce que l'importance que peut avoir cette visite justifie une modification du canevas général ? Ne peut-elle pas être remplacée par un appel téléphonique ? » (dans ce cas, le noter sur l'agenda à la date prévue de l'appel).

Une modification du canevas général n'est faite qu'exceptionnellement lorsqu'un risque de perdre une affaire existe !

Schéma 7 : Ventilation et circuit des documents de l'agent technico-commercial

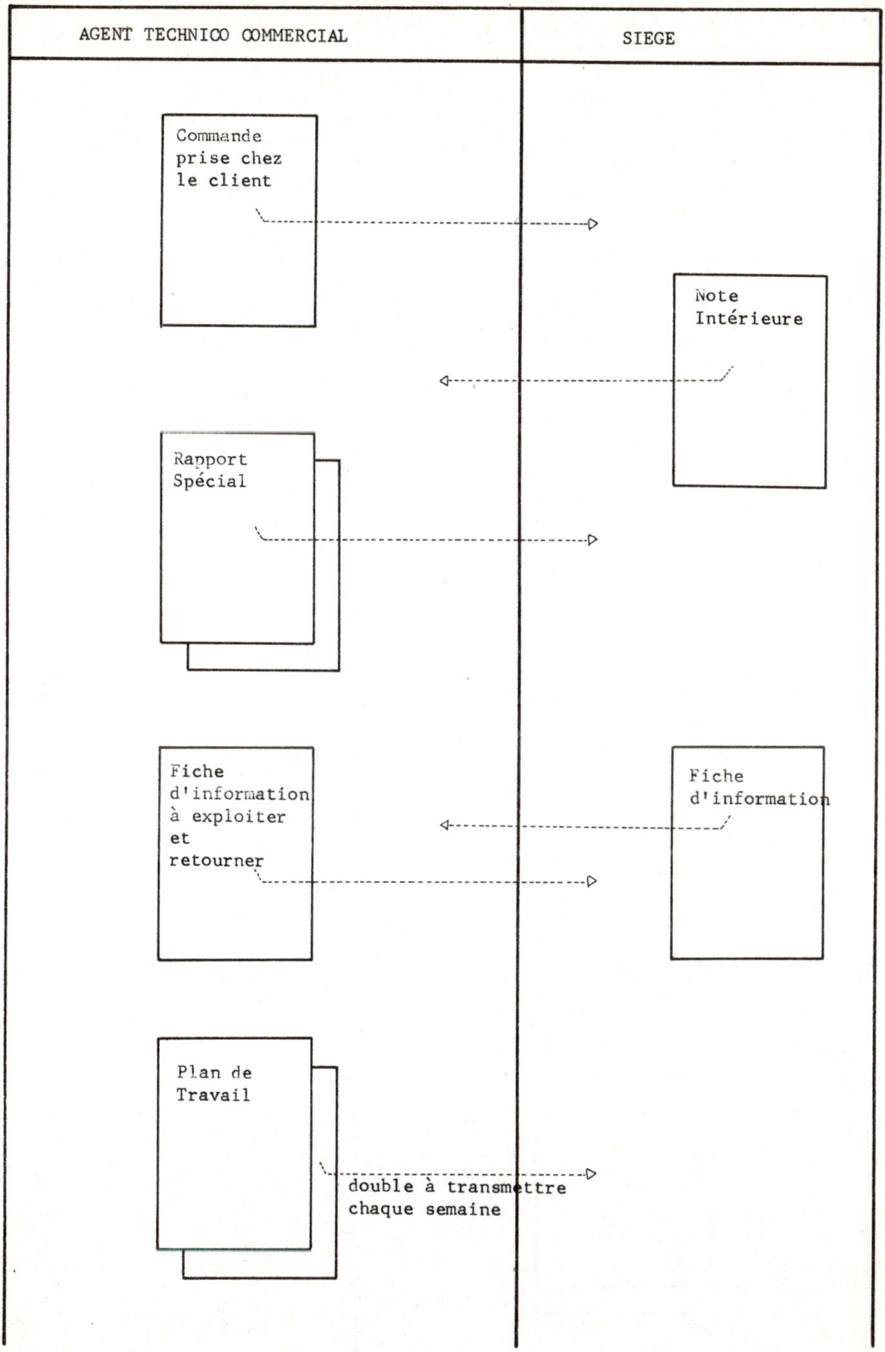

Schéma 7 (suite) : Ventilation et circuit des documents de l'agent technico-commercial

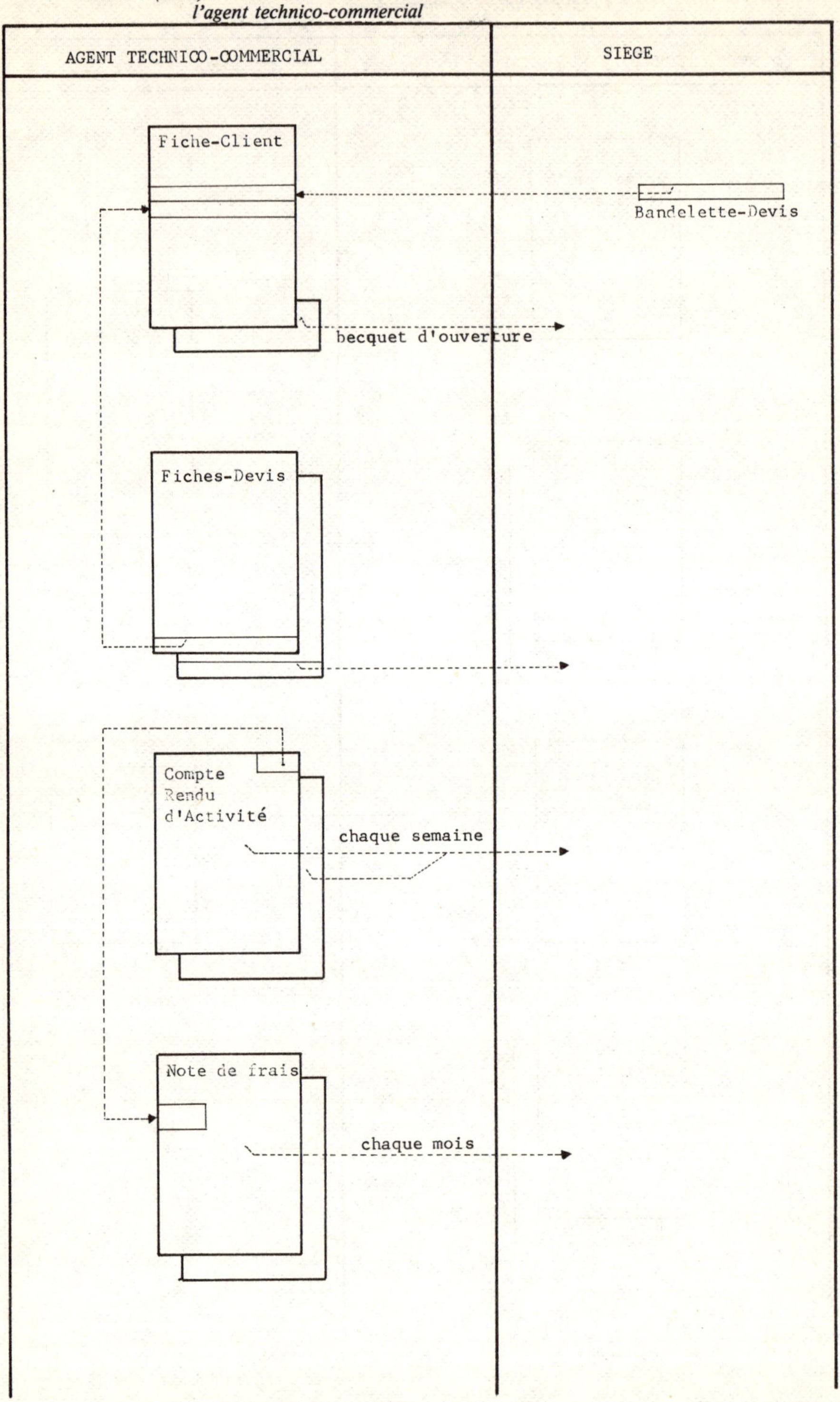

a - Préparation de la tournée pour la semaine à venir

Cette préparation se fait dans le courant de la dernière journée de la semaine qui est consacrée aux travaux administratifs, contacts avec le siège, etc.

Documents nécessaires

- agenda
- classeur du secteur concerné
- plan de travail de la semaine
- fiches d'information

Méthode

- Préparer un programme de visites, le plus logique possible en économisant le temps et les kilomètres (par exemple : prévoir d'effectuer en fin de journée une longue distance séparant deux clients, éviter des va-et-vient d'une ville à l'autre, etc.)

Le temps doit être consacré aux visites et au minimum à la circulation.

- Prendre les rendez-vous en commençant par les plus importants et en essayant de respecter le programme. Bien entendu, le programme initial peut être modifié en fonction des impératifs, mais les modifications doivent être exceptionnelles. Une bonne mesure pour les rendez-vous : deux le matin et deux l'après-midi.

- Combler le temps entre les rendez-vous par des visites moins importantes :
• soit prévues (classeur planifié)
• soit prospection **préparée** (fiches d'information, les annuaires, etc.)

- Le plan de travail est ainsi établi pour la semaine. L'original est conservé pour exécution tandis que le double est envoyé à la direction commerciale. Il ne reste plus, à l'agent technico-commercial, qu'à le suivre le plus scrupuleusement possible.

b - Exécution de la tournée

Avant la visite

Se mettre en mémoire la fiche-client, réfléchir au but de la visite et préparer les arguments où les points-clefs de la conversation avec les réponses aux objections possibles du client.

Au cours de la visite

Processus-type,
• Présenter notre entreprise
• Connaître le client ou prospect
• Rechercher le problème que peut avoir le client (ou bien qu'il pourra avoir dans un avenir proche).
• Présenter une solution à ce problème grâce à nos produits et à notre savoir-faire.
• Faire accepter cette solution.

Ce processus peut se faire au cours d'une même visite ou bien nécessiter plusieurs visites, quelquefois, il peut s'étaler sur des années.

Penser systématiquement à vérifier si les renseignements portés sur la fiche-client sont toujours valables (personnes ayant changé, téléphone, adresse, activité, etc.).

Penser systématiquement à s'informer sur tout projet, évolution, à se renseigner sur les concurrents de l'entreprise et sur les concurrents du client, etc.

Après chaque visite

Mettre à jour la fiche-client et en même temps remplir le « compte rendu d'activité ».

Préparer la prochaine visite en indiquant sa date et son motif.

Ne pas oublier de porter tous les renseignements permettant la mise à jour de la fiche-client-siège et des matrices d'adresses-mailing (changement des personnes, nouveaux chantiers, etc.)

Préparer l'exploitation des informations recueillies (devis à faire établir, installation dans une autre région d'une agence ou d'un chantier important). Eventuellement, établir un rapport sur une feuille séparée.

En fin de journée

Récapituler les renseignements statistiques demandés au bas du « compte rendu d'activité ».

Remplir la partie « note de frais » du « compte rendu d'activité » et coller le becquet correspondant sur la « fiche note de frais » du mois (document numéro 7).

En fin de semaine

Remettre au secrétariat commercial :

• Les deux exemplaires du « compte-rendu d'activité »,

• Les parties signalétiques gommées des fiches-clients ouvertes pendant la semaine,

• Les bandelettes devis concernant les prix donnés verbalement.

Mettre les fiches-clients à jour avec les bandelettes devis remises par le secrétariat et avec le planning des commandes reçues directement.

Exploiter les fiches d'information remises par le secrétariat ou la direction commerciale.

Le dernier jour de la semaine est réservé, sauf imprévu :

• aux tâches administratives de fin de tournée,

• à la préparation de la tournée de la semaine à venir (prise des rendez-vous, plan de travail, etc.)

• aux contacts indispensables avec la direction commerciale et les différents services de l'entreprise (Bureau Etudes, problèmes des devis, des mises au point des commandes.) Ceci pour les représentants qui sont basés à proximité des bureaux de notre entreprise.

Compléter la « note de frais » et la remettre signée, accompagnée des justificatifs, au secrétariat (en fin de mois).

Fac-similé 8 : Bon de commande

COMMANDE

N° 127

SECTEUR I — NOM ATC GAUTHEY — DATE 6.12.1978

CLIENT G.T.N.

ADRESSE 77, rue Docteur Simone Sedan

VILLE MARSEILLE — DEPART 13005

ORDRE PASSE PAR MONSIEUR Jean-Luc CHAPUS

SERVICE Direction Travaux — TELEPHONE 47.20.66

ADRESSE DE FACTURATION	ADRESSE DE LIVRAISON
CLIENT	CLIENT G T N
ADRESSE idem commande	ADRESSE Route des Alpes
VILLE — DEPT	VILLE SISTERON — DEPT 04200

REGLEMENT : ACOMPTE DE 30% PAR chèque CA

SOLDE PAR traite à 60 jours

DELAIS DE LIVRAISON [illegible]-découverte

TRANSPORT enlèvement client

N°	DESIGNATION	Q	PU HT	PRIX TOTAL HT
1	Produit S (sans revêtement spécial)	122 m²	345	42.090
2	Accessoires modèles A et V	5	127	635

FAIT A Marseille LE 6.12.78 SIGNATURE

TOTAL H.T. 42725

c - Recherche d'informations

L'agent-technico-commercial doit avoir continuellement le souci de recueillir le maximum d'informations concernant tous travaux à effectuer :

- questions continuelles auprès des clients,
- lecture de la presse générale,
- visites de chantiers en cours des tournées,
- etc.

Ces renseignements, qu'ils concernent soit son secteur, soit un autre secteur, sont transmis au secrétariat par la « fiche d'information » établie en double exemplaire.

d - Réalisation d'une commande

Lorsqu'une commande est prise chez un client, l'agent technico-commercial doit vérifier que nos conditions de vente sont bien respectées :

- encaissement d'un acompte de 30 % par chèque barré,
- règlement du solde suivant la négociation dans la limite des instructions données par la direction commerciale,
- commande exécutée sous réserve d'acceptation par la direction.

La commande accompagnée de son chèque d'acompte est envoyée immédiatement au siège (bien remplir toutes les rubriques du bon de commande).

Quand une commande est passée (directement ou indirectement), l'agent technico-commercial doit s'assurer de la bonne exécution de la mise au point technique (que le produit que nous livrerons corresponde bien au problème du client). Il doit également obtenir l'accord commercial définitif (conditions de règlement acceptées, délais de livraison, etc.).

Enfin, un suivi après-vente auprès du client est nécessaire pour s'assurer du bon fonctionnement. Si nécessaire, un rapport spécial sur la visite du chantier et la mise en place de nos produits est établi pour la direction. Dans les cas courants, le « compte rendu d'activité » est suffisant.

e - Consultations pour travaux ;

Lorsque des entreprises nous consultent pour nous faire exécuter des travaux, ces renseignements sont transmis au moyen de la « fiche d'information » et sont traités dans le cours normal de la procédure commerciale. (voir § 3, g sur « fiche d'information »).

★
★ ★

Pour un « homme de terrain », un travail administratif est toujours fastidieux, pourtant :

- il est indispensable pour que l'entreprise soit efficace,
- effectué régulièrement, tel que préconisé ci-dessus, il en sera plus léger et moins rébarbatif.

chapitre 2

Le « manuel » du secrétariat commercial

SYNTHESE DES TACHES DU SECRETARIAT COMMERCIAL

• Ouvrir et mettre à jour les « fiches-clients-siège »,

• Etablir les « fiches-devis »,

• Rechercher des informations dans la presse spécialisée (Moniteur...) et les transmettre aux personnes concernées,

• Faire des offres de service systématiques aux adjudicataires de travaux signalés par la presse (Moniteur...)

• Dépouiller et ventiler les courriers des agents technico-commerciaux,

• Recevoir et exploiter les communications téléphoniques et les courriers des clients,

• Inscrire chaque demande de prix (ou consultation) au « registre des affaires »,

• Inscrire chaque commande au « cahier des commandes »,

• Assurer la liaison administrative entre la direction commerciale et les agents technico-commerciaux,

• Suivre les devis dans leur circuit administratif,

• Suivre les commandes dans leur circuit administratif,

• Exécuter les mailings selon les instructions reçues,

• Archiver les documents, dossiers... après visa de fin d'exploitation,

• Tenir à jour le tableau de bord de la direction commerciale

• Responsabilité de la frappe des courriers et devis aux clients.

1. IMPRIMES ET MATERIEL

Le secrétariat commercial dispose de :

- « Fiches-clients-siège » (document numéro 2)
- « Fiches-devis » (document numéro 3)
- « Fiches d'information » (document numéro 9)
- « Fiches analyse d'activité » (document numéro 6) (à disposition de la direction commerciale)
- Bac pour le classement des fiches-clients
- Chemises suspendues
- Bacs pour le classement des fiches d'information :
  - un pour « consultations »
  - un pour « prévisions de travaux »
- Dossiers commerciaux
- Registre des affaires
- Cahier de commandes
- « Fantômes »
- Fiches bleues pour le planning des commandes
- Planning des commandes

Il reçoit des agents technico-commerciaux :

- Becquet signalétique gommé permettant d'ouvrir la fiche-client
- Les « comptes rendus d'activité » en double exemplaire
- Les « fiches d'information » exploitées par les agents technico-commerciaux
- Les bandelettes gommées « fiches devis » établies par les agents technico-commerciaux
- Des informations à exploiter
- Des documents à transmettre à la direction commerciale (notes de frais, plans de travail, rapports spéciaux, etc.)
- Des bons de commandes (avec leur acompte)

Il reçoit de la direction commerciale :

- Des notes intérieures portant des instructions (mailings...)
- Des « fiches-devis » établies par la direction
- Des informations à exploiter

2. UTILITE DES DOCUMENTS

- Permet d'avoir tous les renseignements concernant un client (ou un chantier important, une agence...) regroupés sur une seule fiche, classée par ordre alphabétique.

- Chaque « fiche-client-siège » est créée et tenue à jour très facilement sans écriture fastidieuse, grâce aux becquets gommés des rapports des agents technico-commerciaux.

• Un seul et même fichier permet ;
- le suivi commercial,
- les mailings,
- d'avoir toutes les informations sur un client en l'absence des agents technico-commerciaux,
- de palier un départ ou une absence d'un agent technico-commercial.

3. UTILISATION DES IMPRIMES

a - « Fiche-client-siège » (document numéro 2)

Ouverture de la fiche :

Elle se fait à réception du feuillet signalétique gommé remis par les agents technico-commerciaux.

Porter, à la main, en haut de la fiche, les renseignements permettant un repérage facile dans le bac de classement (nom du client, ville et téléphone), ainsi que les indications utiles pour le courrier et la facturation (raison sociale complète, télex, nombre d'exemplaires pour les factures, des conditions de règlement accordées, la domiciliation).

Mise à jour des fiches :

Elle se fait au fur et à mesure de l'arrivée des renseignements (pour la tenue de la fiche, voir le manuel de procédure de l'agent technico-commercial, chapitre précédent, § 3 a) :

- Bandelettes gommées « devis », collées aux emplacements prévus (soit à l'établissement de la « fiche-devis », soit à réception d'une bandelette émise par un agent technico-commercial ou par la direction commerciale).

- Dans l'échelle des relances (bande extrême gauche au recto de la fiche), indiquer par un cavalier de couleur la date prévue pour la prochaine visite (cavalier rouge pour une affaire très importante, cavalier vert pour une relance normale).

- Dans la partie inférieure, indiquer éventuellement les coordonnées des chantiers peu importants. Pour les entreprises ayant beaucoup de chantiers, prendre une fiche neutre portant le nom de l'entreprise puis la liste des chantiers (fiche classée derrière la première).

- Indiquer le code de classe de marge qui sera précisé par la direction commerciale.

- Au verso, coller les becquets gommés des « comptes rendus d'activité » dès réception.

Dépassement de capacité :

Ce dépassement peut se faire soit par la partie « devis », soit par les noms des personnes, soit par les « comptes rendus d'activité ». Il suffit de joindre une feuille annexe, scotchée sur la fiche-client. Par contre, si la fiche est ancienne, en ouvrir une nouvelle.

Fiche périmée :

Lorsqu'une fiche (chantier ou autre) est périmée (chantier terminé, suppres-

Fac-similé 9 : Fiche-client-siège (document numéro 2)

recto

G.T.N.

DEPARTEMENT 13005 — VILLE MARSEILLE — TELEPHONE (91) 47 20 66

RAISON SOCIALE COMPLETE SOCIETE DES GRANDS TRAVAUX DU NORD

ADRESSE DE FACTURATION 77, rue Docteur Simone Sedan — TELEX 42.725 GRANOR

FACTURES EN 5 EXEMPLAIRES . REMISE – CONDITIONS REGLEMENT . ACOMPTE 30%

DOMICILIATION SMC Bd Chave 192.7256.01 — SOLDE à 60j

RELANCES: JANV / FEV / MARS / AVRIL / MAI / JUIN / JUIL / AOUT / SEPT / OCT / NOV / DEC / INUTILE

OBSERVATIONS 210 salariés, trésorerie saine, activité stable, bonnes installations — CLASSE 1
Chantiers : DARSE no 4 à FOS ; Echangeur du Loup à NICE ; Déviation SISTERON (03.79)

COLLER ICI LE BECQUET VENANT DE L'A.T.C.

	PERSONNES A CONTACTER	FONCTION	MAILING	
1	Louis MERAT (10.78)	Directeur Général	01	12
2	Jean-Luc CHAPUS (10.78)	Directeur Travaux	03	12
3	Alain NAVARRO (10.78)	Chef chantier	05	12
4				
5				
6				

CONCURRENCE
- SOUS-TRAITANCE HABITUELLE ☐
- SOUS-TRAITANCE OCCASIONNELLE: BOIS ☒ ; METAL ☐
- FABRICATION INTEGREE ☐
- CLIENT ☒ PROSPECT ☐

PROFESSION BTP — ORIGINE DES RELATIONS Pub "Moniteur" (10.78)

ADRESSE 77, rue Docteur Simone Sedan — TEL (91) 47.20.66

COLLER ICI LES BANDELETTES DES FICHES DEVIS

N°	DATES	N° DEVIS	PERSONNE	PRODUITS	PU	QUANTITES	PRIX	CHANTIERS	RESULTATS DATES	RESULTATS CODES	RESULTATS OBSERVATIONS
1	2.11.78	8.518	② ③	5	345 F/m²	122 m²	43.000	SISTERON	12/78	A	42725 F HT
2	15.11.78	8.612	③	4	210 F/m²	80 m²	16.800	NICE	12/78	W	délais trop longs
		...0.45	②	3	155 F/...			SISTERON	2/79	Z	St Bastat (prix)
								...CE	relancer le 26.3.7...		
13											
14											
15											
16											
17											
18											
19											

X / / /

CODES RESULTATS DES DEVIS A : COMMANDE W : EXECUTION PAR ENTREPRISE
B : AUTRE SOLUTION Z : AUTRE ADJUDICATAIRE Y : CONCURRENT

CHIFFRES D'AFFAIRES	1978 43.000	19	19	19	19
NOMBRE DE DEVIS	1978 1	19	19	19	19
NOMBRE DE COMMANDES	1978 1	19	19	19	19

COORDONNEES DES CHANTIERS

NOMS	VILLES	TELEPHONES	NOMS	VILLES	TELEPHONES
RENUCCI	SISTERON	(92) 49.18.17			
PENTEL	SISTERON	(92) 49.18.18			
RAVERA	NICE	(93) 06.06.10			
HOFFMAN	NICE	(93) 06.12.20			
CHIBANE	FOS	(90) 91.92.07			

Fac-similé 9 : Fiche-client-siège (document numéro 2)

verso

CODES ANALYSE ACTIVITE
1 : VISITE PROSPECT SANS PROBLEME IMMEDIAT
2 : VISITE PROSPECT AYANT UN PROBLEME
3 : VISITE PROSPECT SUITE A SON APPEL
4 : VISITE PROSPECT SANS APPEL
5 : VISITE CLIENT SANS PROJET IMMEDIAT
6 : VISITE CLIENT AYANT UN PROBLEME
7 : VISITE CLIENT SUITE A SON APPEL
8 : VISITE CLIENT SUITE COMMANDE
9 : VISITE CLIENT SUITE LIVRAISON
10 : CONVERSATION TELEPHONIQUE
11 : CLIENT OU PROSPECT REÇU A L'USINE

DATES	1	2	3	4	5	6	7	8	9	10	11	RAPPORTS ABREGES DE VISITES	Prochaine RELANCE
4/10/78		x		x								(1)(3) Projet travaux pour dérivation SISTERON (100 à 150 m² Prod. 5)	20/10
20.10.78		x										(2)(3) Faire Devis 122 m² prod. 5. Attention délais (déb. décembre)	6/12
8.11.78										x		(3) Faire Devis 80 m² produit 4	6/12
6.12.78										x		(2) Passe cde devis 8.518 (122 m² prod. 5) Livraison mi-déc.	4/1/79
												(3) Devis 8.612 Affaire perdue (délais)	
5.1.79						x		x				(2) Livraison RAS. Devis 98 m² prod. 3	fin 02
27.2.79						x						(2) Devis 9.45 Affaire perdue (trop cher)	
						x						(3) Faire Devis 57 m² produit 4 selon plans client	26.03

COLLER LES BECQUETS GOMMES DU COMPTE RENDU D'ACTIVITE EN LES FAISANT CHEVAUCHER SI NECESSAIRE.

sion d'agence, faillite, etc.) il y a lieu de la conserver en archives (en fin de bac de classement) pour éventuellement faire des recoupements ultérieurs lorsque les personnes dispersées de l'entreprise ou du chantier disparu, refont surface.

Classement ;

Les fiches sont rangées par ordre alphabétique dans un bac à présentation décalée. Ainsi, toutes les filiales, agences, chantiers importants d'une même entreprise seront-ils regroupés, permettant une vue globale de son importance.

b - « Fiche-devis » (document numéro 3)

Elle s'établit en deux exemplaires. L'original doit être collé immédiatement sur la « fiche-client-siège ». Le double est remis à l'agent technico-commercial concerné pour mettre sa fiche-client à jour :

- Date : date d'établissement du devis
- N° d'affaire : numéro d'enregistrement de l'affaire
- Personne : numéro de code de la personne concernée (ou des personnes)
- Produit : indiquer le type de produit et sa famille
- Prix unitaire suivi de l'unité employée :
  - mètre carré (m^2)
  - mètre linéaire (ml)
  - produit standard (P)
  - forfait (F)
- Quantité : nombre d'unités
- Prix : montant total brut HT du devis
- Chantiers : destination du matériel
- Client, Ville, Secteur : pour que les agents technico-commerciaux puissent repérer immédiatement de quelle entreprise il s'agit.

Dans le cas de devis important à plusieurs lignes, ne mentionner que les fabrications représentatives. Commencer le remplissage de la « fiche-devis » par le bas et, en fin de semaine, découper les bandelettes pour les transmettre aux agents technico-commerciaux concernés.

Les agents technico-commerciaux et la direction peuvent être amenés à établir des « fiches-devis » pour des prix donnés verbalement. Les bandelettes gommées suivent la même destination que ci-dessus.

c - « Fiche d'information » (document numéro 9)

Elles sont des supports d'information pour les **prévisions de travaux** et les **consultations.**

- Prévisions de travaux (informations à exploiter)

Ces renseignements sont recueillis par différents moyens :

- « Moniteur »
- Autres revues spécialisées
- Bouche à oreille

concernant des projets de chantiers, des créations ou suppressions d'entreprises de B.T.P., etc.

- Consultations (devis à exécuter et en cours)

Les demandes de prix ou de devis, appels d'offres, sont recueillies par différents moyens :

- Courrier du client
- Téléphone du client
- Demande de vive voix à l'agent technico-commercial ou directement au siège...

Dans ces deux cas (prévisions ou consultations), établir la fiche d'information en deux exemplaires (original = vert, double = saumon). L'original est remis à l'agent technico-commercial qui doit l'exploiter. Le double est classé, par lieu de chantier (sous-secteur géographique et ville la plus proche) dans deux fichiers spécialisés et prévus à cet effet, jusqu'au retour de l'original, annoté par l'agent technico-commercial. Au retour de l'original, le joindre au double et transmettre à la direction commerciale pour contrôle. Puis classer dans le dossier commercial de l'affaire (voir § 4, c, suivant) ou archiver s'il n'y a pas eu ouverture de dossier commercial.

Dans le cas d'appels d'offres multiples concernant une même fiche, informer les agents technico-commerciaux par note intérieure et porter les renseignements sur le double classé (lorsque, bien sûr, l'agent technico-commercial est déà en possession de l'original). Le double qui portera donc tout l'historique de cette même affaire, permettra à la direction commerciale d'en suivre l'évolution : combien d'entreprises nous ont-elles consultés pour le même chantier ?

d - « Comptes rendus d'activité » (document numéro 4)

A réception des deux exemplaires :

- découper les bandes gommées « rapports abrégés de visites » et les coller immédiatement sur les « fiches-clients-siège » concernées.

- transmettre à la direction commerciale les parties « relances » ainsi que l'exemplaire entier (après exploitation des rapports).

- coller les becquets « analyse d'activité » sur la fiche correspondante (document numéro 6), pour servir à l'élaboration du tableau de bord.

e - « Fiche analyse d'activité » (document numéro 6)

Cette fiche est le support des becquets gommés correspondants du « compte rendu d'activité ». Il doit y avoir une bandelette par jour de travail (et une fiche par agent technico-commercial).

Chaque fin de mois, effectuer les totaux par colonne, ainsi que le cumul depuis le début de l'année calendaire.

Il y aura donc une fiche récapitulative par mois (exceptionnellement deux en cas de dépassement de capacité) et par agent technico-commercial.

Ces « fiches analyse d'activité » sont tenues à la disposition de la direction commerciale et elles permettent de prendre les renseignements nécessaires à l'élaboration du tableau de bord.

f - Autres documents

Fac-similé 10 : Fiche d'analyse d'activité (document numéro 6)

ANALYSE D'ACTIVITE

MOIS DE Février 1979

MONSIEUR GAUTHEY

1 VISITE PROSPECT SANS PROBLEME IMMEDIAT
2 VISITE PROSPECT AYANT UN PROBLEME
3 VISITE PROSPECT SUITE A SON APPEL
4 VISITE PROSPECT SANS APPEL
5 VISITE CLIENT SANS PROJET
6 VISITE CLIENT AYANT UN PROBLEME
7 VISITE CLIENT SUITE A SON APPEL
8 VISITE SUITE A UNE COMMANDE
9 VISITE SUITE A UNE LIVRAISON
10 CONVERSATION TELEPHONIQUE
11 CLIENT REÇU A NOTRE USINE

CODES SUIVANTS

1 ENTREPRISES INTERESSEES PRODUIT "1"
2 -d°- "2"
3 -d°- "3"
4 -d°- "4"
5 ENTREPRISES INTERESSEES PRODUIT "5"
6 -d°- "6"
7 -d°- "7"
8 -d°- "8"
9 -d°- "9"
10 NOMBRE DE VISITES SUR S/SECTEUR "1"
11 -d°- "2"
12 -d°- "3"
13 NOMBRE DE VISITES SUR S/SECTEUR "4"
14 -d°- "5"
15 -d°- "6"
16 NOMBRE DE COMMANDES DIRECTES
17 ________
18 ________
19 ________
20 ________

DATES	1	2	3	4	5	6	7	8	9	10	11	NOMBRE CONTACTS	NOMBRE VISITES	1	2	3	4	5	6	7	8	9	10	11	12	13	14	15	16	17	18	19	20
28	2		1			7	1		2	3		15	7	2	1			1			4		7						1				
27		3				4	2		1	1		7	5	5	4	3	1	1	1	1			5										
26	5	2		1		6		1		1		9	7	4	7	2		1	1		3		7										
23	1	3			1	4		2		1		14	6	1	1	2		4	2		2	1						6	1				
22	1	4				5	1		3			15	7	2	1	2		2	1	1	4							7					
21				2		6			3	2		8	6	4	1	3		1	3		6							6					
20		2			1	5	2		1	3		12	7	3		4		2	4		7							7	1				
19		1	1			6		1		2		11	8	2		3		2	2		4							8					
16	2			1		6	3		1	5		11	6	1	1	2		1	2		2		6										
17		3				6		2		2		9	6	1	2	1			1	1		1	6						1				
14	1	1		2		7	1		2	2		13	7	5	3		1	1	2				7										
13		1	1		1	7		3		2		14	7	1	2	1			1		2		7						2				
12		1				5	3		1	2		9	5	3	3				1	2	3	2	5										
09	3			1		6	2		1	3		10	7	2	1	2			2	1	4	1					7		2				
08			2			6	1		2	1		11	6	1	2	1			2		3	1					6						
07		1			1	3		5	1			13	7	1	1				1	2		1					7		1				
06	1	1		2		1	2			1		12	5		2				1	1		5					5						
05		2				2			1			8	6		3				1	2		4					6		1				
02				1		1	1					10	6	3			1	1	1			3				6							
01	1			2		1					2	10	6			2		1		1		2				6			2				
TOTAUX	17	25	5	12	4	94	19	14	19	31	2	221	127	41	35	28	3	18	29	12	44	21	50	-	-	12	31	34	12				
CUMUL	32	51	12	28	10	112	31	30	29	48	18	482	269	92	79	56	18	31	59	21	82	39	110	31	80	33	31	34	32				

A réception des :
- Plans de travail des agents technico-commerciaux
- Notes de frais
- Rapports spéciaux

les transmettre simplement à la direction commerciale.

g - Circuit des documents

La ventilation et la circulation des documents sont données dans un schéma présenté ci-après.

h - Tableau de bord

La bonne tenue du tableau de bord incombe au secrétariat qui le mettra à la disposition de la direction commerciale (voir chapitre 6 consacré au tableau de bord).

i - Dossier commercial

Il est ouvert dès réception d'une demande de devis d'un client ou prospect.

Il contiendra tous les documents afférents à cette affaire, qu'elle débouche ou non sur une commande :
- appel d'offre ou courrier du client
- plans du client
- calcul des prix du service devis
- double du devis envoyé au client
- fiche d'information exploitée par l'agent technico-commercial

L'affaire terminée, le dossier est archivé.

4. METHODE DE TRAVAIL

a - A réception des documents des agents technico-commerciaux :

- Ouvrir les nouvelles « fiches-clients-siège », grâce aux becquets signalétiques gommés (vérifier s'il n'y a pas double emploi avec une fiche déjà existante) et les classer par ordre alphabétique dans le bac.

- Coller les bandes gommées « rapports abrégés de visites » sur les fiches-clients-siège correspondantes, ainsi que les éventuelles bandelettes « devis ».

- Mettre à jour les matrices des adresses servant pour les mailings selon les informations recueillies sur les rapports de visites.

- Transmettre à la direction commerciale les documents lui revenant :
• Plan de travail de la semaine,
• Becquets gommés « relances »,
• Exemplaire complet du « compte rendu d'activité »,
• Note de frais (pour visa)
• Rapports spéciaux éventuellement

ceci, par agent technico-commercial.

Schéma 11 : Ventilation et circuit des documents du secrétariat commercial

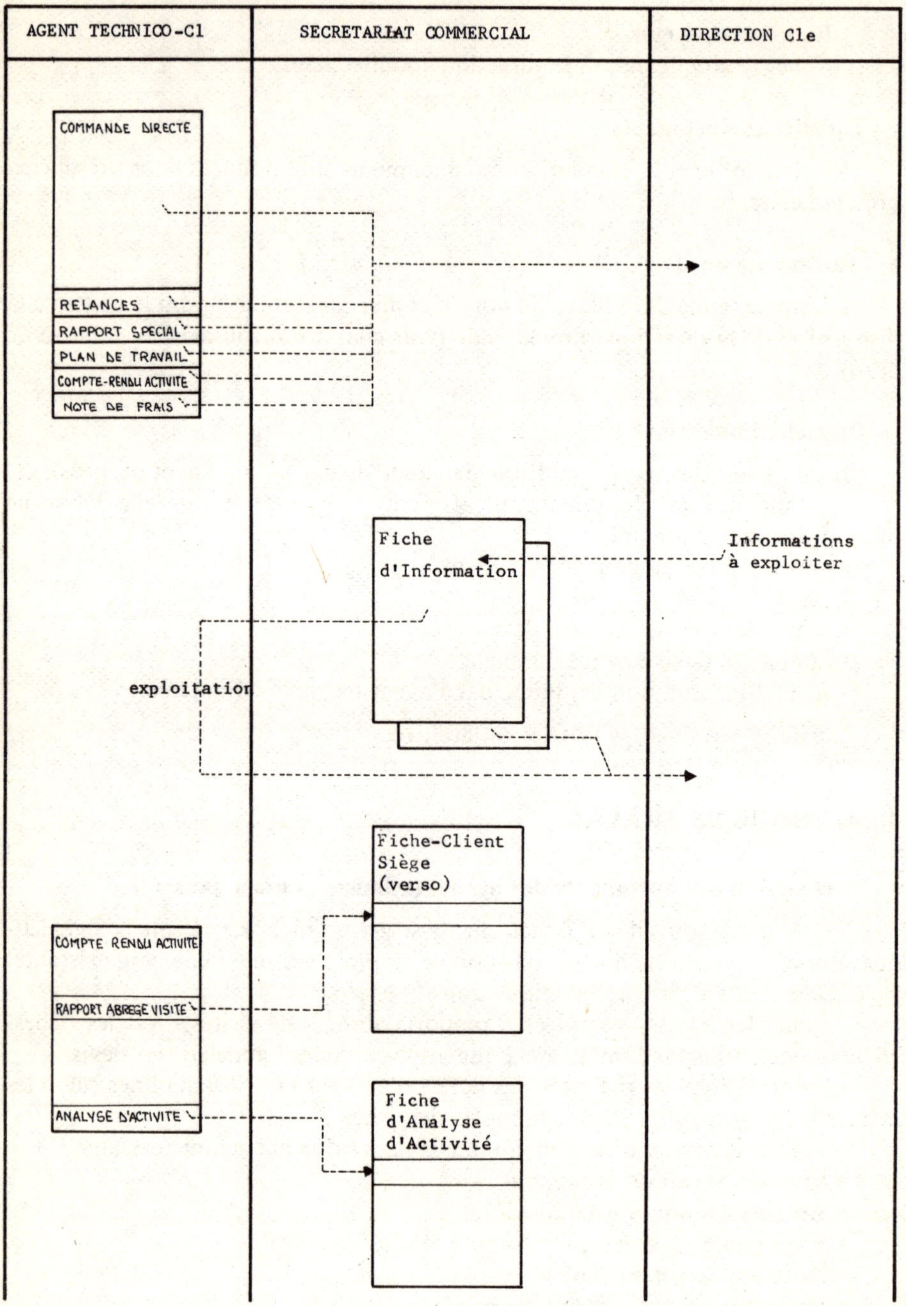

Schéma 11 (suite) : Ventilation et circuit des documents du secrétariat commercial

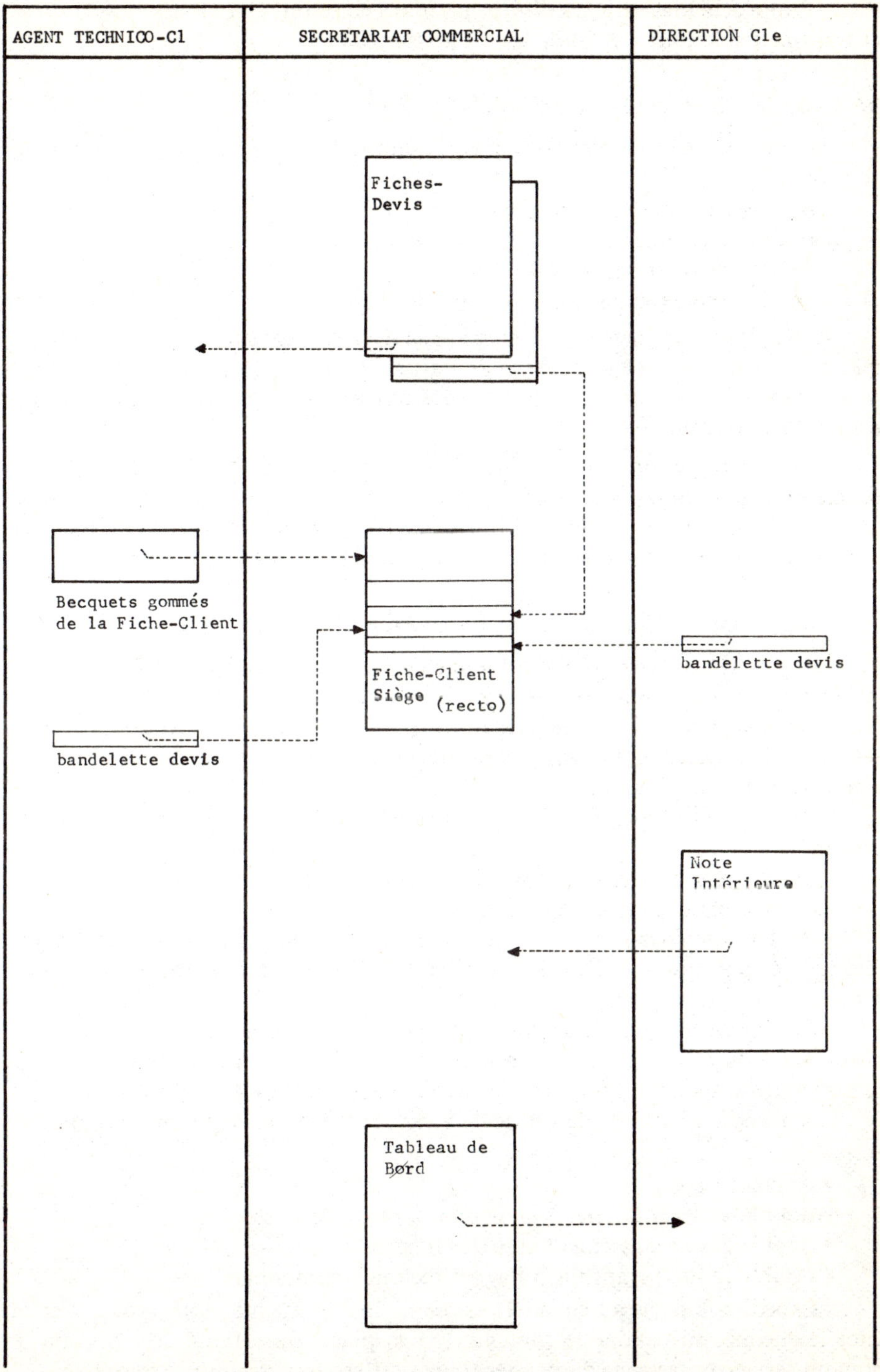

- Rapprocher les « fiches d'information » en retour et annotées des doubles, et transmettre le tout à la direction pour contrôle.

b - Collecte d'informations (prévisions de travaux)

Elle se fera chaque semaine par exploitation du *Moniteur* dans les rubriques suivantes :

- prochains appels d'offres,
- résultats adjudications
- prévisions de travaux,
- articles généraux sur l'équipement des régions.

Porter les renseignements intéressants ainsi recueillis sur les « fiches d'information », avec découpe si possible de l'article (voir § 3 c).

Ressortir les articles généraux intéressant les différents services de l'entreprise et leur transmettre.

Faire des offres de services systématiques sur les résultats d'adjudication du *Moniteur*. Un double jaune du courrier sera remis à l'agent technico-commercial du secteur pour une éventuelle exploitation. Le double rose est classé « courrier normal », le double vert est classé « offres de services adjudications ».

c - Consultations directes de clients ou prospects

Lorsque nous recevons une demande de prix, par courrier, téléphone ou par les agents technico-commerciaux :

- Etablir une « fiche d'information » en deux exemplaires (voir § 3 c), classer le double dans le fichier « consultations », remettre l'original à l'agent technico-commercial concerné.

- Inscrire cette consultation au « registre des affaires » avec un numéro d'ordre.

- Ouvrir le « dossier commercial » avec incorporation des plans, courriers clients, etc. dans une chemise plastique.

- Porter une inscription sur la « fiche-client-siège » dans la partie devis (cette inscription sera recouverte par la bandelette gommée de mise à jour « devis » lorsque ce dernier sera fait et envoyé).

- Créer une barrette pour dossier suspendu portant les mentions : nom du client, nom du chantier, ville et secteur géographique. Mettre cette barrette sur une chemise suspendue libre dans le rayon « devis à faire » de l'armoire.

- A réception de l'étude du devis avec accord de la direction, exécuter la frappe :

• original : client
• double vert : « dossier commercial »
• double rose : classement courrier normal
• double jaune : transmis à l'agent technico-commercial

- Expédier le devis au client. Lorsque le dossier est pris pour étude, mettre dans le chemise suspendue le contenant, à sa place, un « fantôme » portant le nom du service possesseur du dossier (bureau d'étude, direction, service devis...)

- Le devis expédié, descendre le dossier du rayon « devis à faire » au rayon « devis terminé ».

- La « fiche d'information » retournée annotée est classée dans le « dossier commercial ».

- Etablir les bandelettes gommées de mise à jour « fiches-devis » (document numéro 3). Original collé sur la « fiche-client-siège », double remis à l'agent technico-commercial concerné pour être collé sur sa fiche-client.

- Affaire sans suite : à classer dans les emballages spéciaux par numéro. La « fiche d'information » (original annoté par l'agent technico-commercial et double) est transmise à la direction commerciale pour information, puis jointe au dossier avant archivage.

- Affaire à réaliser : sortir le dossier pour le bureau d'études, descendre la chemise suspendue d'un rayon dans l'armoire, à « commande terminée ».

- Dans le cas d'appels d'offres de la part de plusieurs entreprises pour un même ouvrage, l'enregistrement de l'affaire se fait sur la première consultation. Les suivantes sont indicées a, b, c,...

Exemple de numérotation d'affaire :

Dossier n° 9/02/31 a
Dossier n° 9/02/31 b
Dossier n° 9/02/31 c

9 = année 1979
02 = famille de produits 02 concernée par cette affaire
31 = numéro d'enregistrement de l'affaire
a = première entreprise « X » qui consultait pour cette affaire
b = deuxième entreprise « Y » qui consultait pour cette même affaire
c = troisième entreprise « Z » qui consultait pour cette même affaire

Nous aurons donc autant de bandelettes gommées « fiches-devis » que de consultations. Elles seront collées sur les fiches-clients correspondantes. A l'issue de l'affaire, commande passée par l'adjudicataire ou non, mise à jour de toutes les fiches clients concernées en y portant le résultat. Informer l'agent technico-commercial.

- Vérifier, chaque semaine, l'évolution des dossiers dans les rayons de l'armoire et signaler à la direction commerciale toute anomalie (« devis à faire » trop ancien, etc.).

d - Réalisation d'une commande

Lorsque la commande est prise directement par un agent technico-commercial, avant son enregistrement, demander l'accord de la direction et confirmer par courrier au client.

Puis : (commande directe ou indirecte)

- Enregistrement sur « cahier de commandes », suivi de la facturation pour l'acompte et « visa » sur le « dossier commercial ».

- Etablissement d'une fiche bleue au planning mural.

- Mise à jour de la fiche-client-siège (après facture définitive, porter dans la colonne « résultats » de la partie « devis » de la fiche, le montant total brut HT).

- Informer l'agent technico-commercial de cette commande.
- Classement des dossiers après exploitation.
- Suppression de la fiche bleue du planning lors de l'expédition de la facture définitive.

e - Mailing

Pour l'exploitation et l'utilisation, il y a lieu de se reporter au chapitre 5 « mailing » ci-après.

La mise à jour des matrices-adresses se fait à réception des «comptes rendus d'activité » et des becquets gommés « ouverture de fiche-client-siège ». En fonction des indications fournies, il y a lieu, soit de modifier une adresse existante, soit de créer une nouvelle adresse de mailing.

f - Confirmation de visite

Lorsque l'agent technico-commercial le demande sur son « rapport abrégé de visite », un courrier de confirmation de visite est fait au client (remercier de son accueil, donner un renseignement demandé, envoyer une documentation particulière, etc.).

chapitre 3

Le « manuel » de la direction commerciale

Synthèse des tâches de la direction commerciale

- Définir la politique commerciale,
- Choisir la stratégie,
- Fixer les objectifs, budgets,
- Contrôler leurs réalisations,
- Recruter (et licencier) les agents technico-commerciaux ainsi que le personnel du secrétariat commercial,
- Former, diriger, animer et contrôler les agents technico-commerciaux au moyen des :
  - Relances systématiques
  - Analyses d'activités
  - Comptes rendues d'activité
  - Tableau de bord
  - Plans de travail
  - Notes de frais
  - Visites faites aux clients avec les collaborateurs
- Attribuer les « classes de marge » aux clients,
- Former, diriger et contrôler le personnel du secrétariat commercial,
- Définir et lancer les opérations de mailing et de publicité-promotion,
- Suivre personnellement une clientèle privilégiée,
- S'assurer de la bonne circulation de l'information et de la cohérence de l'ensemble de la fonction commerciale,
- Faire évoluer la « procédure commerciale » selon les besoins en contrôlant son application.

1. IMPRIMES ET MATERIEL

La direction commerciale dispose de :

- « Fiches des relances systématiques » (document numéro 5)
- « Fiches d'analyse d'activité » (document numéro 6)
- « Fiches d'information » (document numéro 9)
- « Fiches-devis » (document numéro 3)
- « Tableau de bord » (voir chapitre 6)
- Bac de classement pour les « fiches de relances systématiques »
- Classeurs pour les « fiches d'analyse d'activité »

Il reçoit des agents technico-commerciaux (par l'intermédiaire du secrétariat) :

- Un exemplaire des « comptes rendus d'activité »
- Les becquets gommés « relances »
- Les bandelettes gommées « analyse d'activité », collées par le secrétariat sur les « fiches d'analyses d'activité ».
- Plans de travail de la semaine à venir
- Notes de frais
- Les « fiches d'information » annotées par les agents technico-commerciaux avec leur double
- Les commandes directes prises par les agents technico-commerciaux

Il établit le « canevas général des tournées » initial pour chaque agent technico-commercial.

2. UTILITE DES DOCUMENTS

Ils permettent l'animation et le contrôle efficace des agents technico-commerciaux, tout en étant informé d'une manière simple, ne nécessitant qu'un minimum de travaux administratifs.

Les affaires importantes sont mises en valeur pour les suivre plus particulièrement.

Les agents technico-commerciaux peuvent être contactés à n'importe quel moment de leur tournée.

3. UTILISATION DES IMPRIMES

a - « **Relances systématiques** » (document numéro 5)

Des « fiches de relances systématiques » sont ouvertes par semaine de travail et par agent technico-commercial.

Chaque semaine, à réception des becquets gommés « relances », trier les affaires importantes (méritant une attention particulière de la part de la direction commerciale), les coller sur les « fiches relances systématiques » correspondant à la semaine et à l'agent technico-commercial qui doit effectuer la relance.

En fonction du nombre de relances à faire, il peut y avoir une ou plusieurs fiches de « relances systématiques » pour la même semaine. Mais cela doit être

Fac-similé 12 : Fiche de relances systématiques (document numéro 5)

RELANCES SYSTEMATIQUES

SEMAINE DU 26/2 N° 9

MONSIEUR GAUTHEY

CLIENT TRACOR / TOULON MOTIF 120 m^2 produit 4 p/ HYERES	CLIENT GTN / MARSEILLE MOTIF 98 m^2 produit 3 pour SISTERON
CLIENT Ets BASTET / MARSEILLE MOTIF Autoroute SALON (Pont)	CLIENT SATIER / VITROLLES MOTIF Aeroport MARIGNANE
CLIENT SEIGNOUR / LAMANON MOTIF 130 m^2 produit 7 pour SENAS	6
7	8
9	10
11	12
13	14
15	16
17	18

exceptionnel, dans le cas contraire, la sélection des affaires importantes ne serait pas assez sévère (ou bien, si les dépassements pour un même secteur sont fréquents, c'est que ce secteur est trop riche et il faudra prévoir prochainement un partage).

Ces fiches sont classées chronologiquement et par secteur dans le bac prévu.

b - « Analyse d'activité » (document numéro 6)

Ces « fiches d'analyses d'activité » seront tenues par le secrétariat commercial. Elles seront mises à jour chaque fin de semaine et tenues à la disposition de la direction commerciale.

Ces fiches faciliteront également la mise à jour du tableau de bord toujours par le secrétariat (voir chapitre 6).

Elles permettent une analyse fine de l'activité de chaque agent technico-commercial afin de diriger son action.

c - « Fiche d'information » (document numéro 9)

La direction commerciale peut être amenée à recueillir certains renseignements (au cours de voyages, contacts à haut niveau avec des clients, prescripteurs...) et à vouloir les transmettre aux agents technico-commerciaux concernés.

Il y a donc lieu d'établir une « fiche d'information » en deux exemplaires (original vert, double saumon), la transmettre au secrétariat pour exploitation.

La direction peut, éventuellement, donner l'information verbalement au secrétariat qui établira lui-même la « fiche d'information ».

d - « Fiches-devis » (document numéro 3)

Il se peut également que la direction donne verbalement des prix à des clients. Lorsqu'ils ne sont pas confirmés par courrier, établir une bandelette de la « fiche-devis » en deux exemplaires.

Ces deux exemplaires sont remis au secrétariat pour la ventilation (voir chapitre précédent § 3 b.).

Comme pour la « fiche d'information », la direction peut donner les instructions nécessaires afin que le secrétariat établisse lui-même les « fiches-devis ».

e - Tableau de bord

L'importance de ce document justifie à lui seul un chapitre qui sera le 6e de cette deuxième partie.

Les informations qu'il contient sont collectées par le secrétariat chaque mois auprès des agents technico-commerciaux (grâce aux comptes rendus d'activité) et de la comptabilité.

f - Circuit des documents

La ventilation et la circulation des documents sont données dans un schéma présenté ci-après.

Schéma 13 : Ventilation et circuit des documents de la direction commerciale

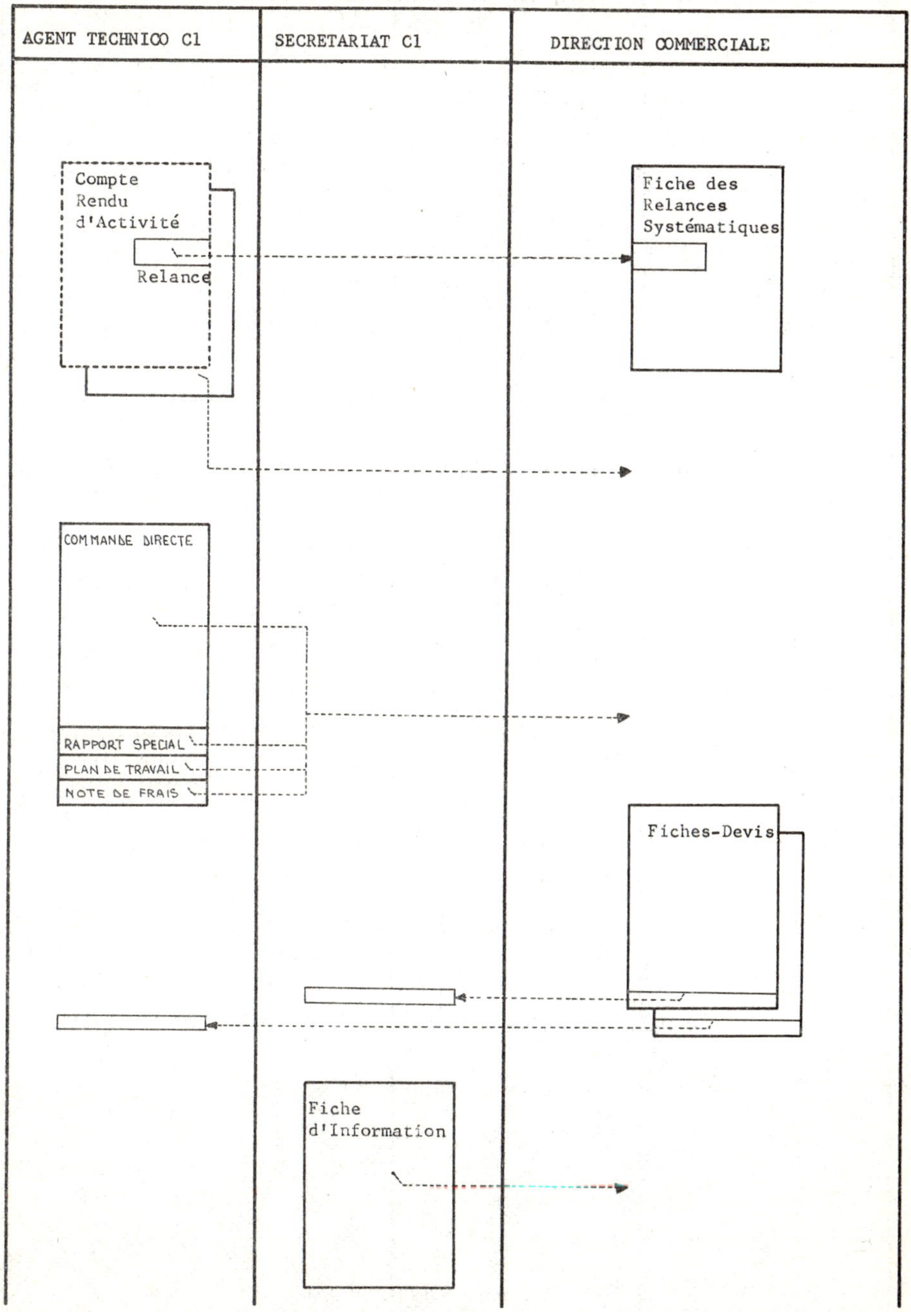

Schéma 13 (suite) : Ventilation et circuit des documents de la direction commerciale

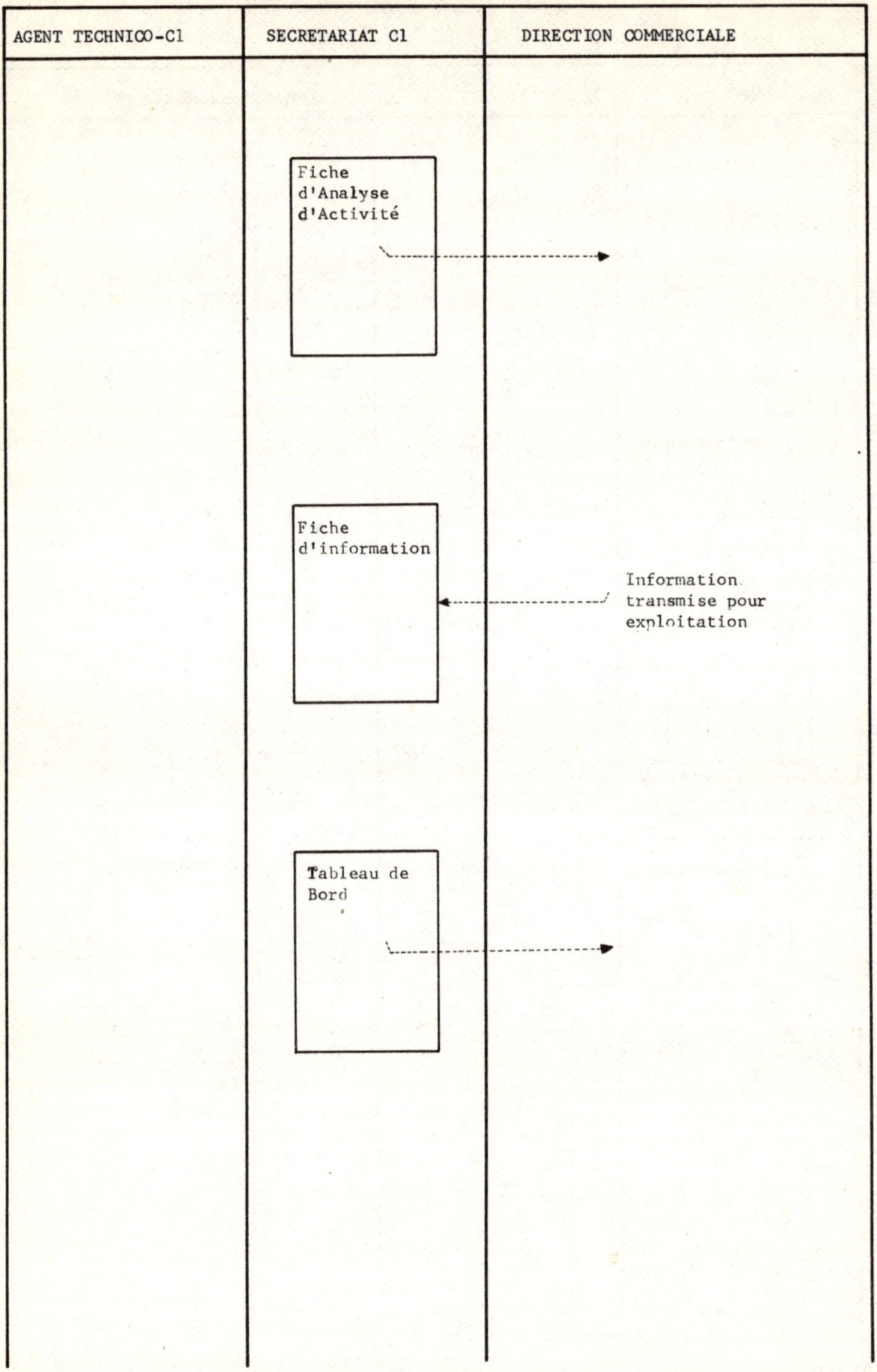

g - Les commandes directes

Prises par les agents technico-commercaux au cours de leurs tournées, elles sont envoyées chaque jour au secrétariat du service commercial qui les transmet à la direction commerciale immédiatement.

Vérifier qu'elles soient bien conclues en fonction des instructions données, en particulier, sauf dérogation :

- présence de l'acompte de 30 % accompagnant la commande
- modalité de règlement du solde bien définie
- conforme aux possibilités techniques et au savoir-faire

Après visa, les remettre au secrétariat pour la suite de la procédure.

h - « Canevas général des tournées »

Document important qui sert de trame pour l'organisation des tournées de chaque agent technico-commercial.

Il est établi selon l'étude des secteurs géographiques des agents technico-commerciaux, en fonction de leur potentiel et des fréquences des visites nécessaires.

Pour illustration, une présentation de « canevas » se trouve en annexe. Il s'agit de celle du secteur I, bien entendu, la même méthode a été employée pour les autres secteurs.

4. EXPLOITATION DES DOCUMENTS

Cette exploitation est présentée dans le cadre plus précis de l'animation et du contrôle des agents technico-commerciaux.

a - Les « fiches de relances systématiques »

Ces fiches permettent :

- de connaître, en visualisant rapidement, les affaires importantes de chaque secteur.

- avant le début de la semaine considérée, de pouvoir conseiller et discuter avec chaque agent technico-commercial sur les arguments à employer, les précautions à prendre, les actions particulières à entreprendre, les chances de réussite, etc.

- une comparaison avec les « plans de travail ». Dès réception de ceux-ci, vérifier rapidement que les agents technico-commerciaux prévoient bien de contacter toutes les affaires importantes prévues cette semaine-là.

- une comparaison avec les « comptes rendus d'activité ». Dès réception de ces derniers, contrôler si les affaires importantes à relancer au cours de la semaine qui vient de s'écouler l'ont bien été comme prévu !

Dans le cas où des différences sont relevées, questionner immédiatement l'agent technico-commercial concerné qui doit fournir une explication.

b - Les « fiches d'analyse d'activité »

Ces fiches mensuelles, mais mises à jour chaque semaine, permettent de mesurer le travail des collaborateurs et de contrôler si leurs actions correspondent bien aux instructions reçues ou à leurs objectifs.

Dès qu'une anomalie se présente, en rechercher immédiatement l'explication. Eventuellement, poser les questions à l'agent technico-commercial en cause. Suivant ses explications, donner de nouvelles instructions ou prendre des sanctions.

Une série de 20 codes sont disponibles pour obtenir différents types de renseignements. Voici quelques exemples d'utilisation :

- Il peut être instructif de connaître le nombre de clients plus particulièrement intéressés par tel ou tel produit ou famille (cette statistique peut permettre d'axer la publicité sur un type de produit plutôt qu'un autre, ou de lui consacrer des actions spéciales. Cela permet de connaître les produits qui « marchent » moins bien et d'étudier pourquoi. De voir également pourquoi des produits séduisant de très nombreux clients ne sont en fait que très peu vendus ? Un numéro de code sera affecté à chaque famille de produits.

- Il peut aussi être très intéressant de connaître le nombre de visites réalisées par sous-secteurs. En les rapprochant des nombres de visites théoriques définis dans l'étude des secteurs, de contrôler ainsi si un sous-secteur n'est pas travaillé superficiellement ou, au contraire, trop en profondeur (en chercher la cause pour savoir si ce n'est pas un défaut propre à l'agent technico-commercial ou bien si les chiffres théoriques de visites sont erronés). Un numéro de code sera affecté à chacun des sous-secteurs.

Toutes les possibilités sont offertes, les codes étant variables périodiquement. Pour l'année 1979, les neuf premiers codes seront attribués à chaque famille de produits (1 à 9), les six autres aux sous-secteurs (10 à 15), le seizième sera utilisé pour indiquer le nombre de commandes prises directement chez les clients, quant aux quatre derniers, ils seront disponibles pour une utilisation ultérieure.

c - Les « plans de travail »

Ils doivent être entre les mains de la direction commerciale dès le début de la semaine.

Ils permettent de savoir à tout moment où se trouve un agent technico-commercial afin de pouvoir le contacter pour une affaire ou une information importante.

Comparés aux « fiches de relances systématiques » et aux « comptes rendus d'activité », ils facilitent le contrôle du travail des collaborateurs.

Comme toujours, dans le cas de différences entre les documents (entre les prévisions et les exécutions), demander immédiatement des explications.

Ce document, archivé pour l'année en cours, peut être détruit par la suite.

d - Les « comptes rendus d'activité » (exemplaire non découpé)

Ils sont rapprochés des « plans de travail » et des « fiches de relances systématiques » (voir § ci-dessus).

Ils permettent de contrôler le travail réellement effectué par le collaborateur (il n'est pas exclu, de temps à autre, de vérifier si les indications qui y sont portées sont bien réelles !).

Ils sont archivés par dossier agent technico-commercial.

e - Les « fiches notes de frais »

Venant des collaborateurs par l'intermédiaire du secrétariat, elles sont contrôlées et, après visa, transmises à la comptabilité pour règlement.

f - Les « fiches d'information »

Les deux exemplaires réunis (dont l'original annoté par l'agent technico-commercial : date de la relance et résultat de cette relance) prouvent que l'information a été exploitée.

Pour des informations jugées importantes, vérifier que l'exploitation a été efficace.

Ces fiches, après leur exploitation, n'ayant plus aucune raison d'être sont, soit conservées au dossier commercial jusqu'à son archivage, soit, pour celles qui n'ont pas donné lieu à l'établissement d'un dossier commercial, archivées pendant un an puis détruites.

Périodiquement, il est nécessaire de faire le point des doubles dont l'original n'a pas encore été retourné par l'agent technico-commercial, afin d'en connaître le sort.

g - Les « fiches-clients-siège »

De temps en temps, effectuer des sondages pour vérifier que les dates de relances prévues sont bien respectées (cavaliers rouge et vert), c'est-à-dire qu'à la date de prochaine visite correspond bien une visite.

Dans le cas où des dates sont dépassées sans relance, élargir les sondages et questionner rapidement l'agent technico-commercial pour obtenir des explications (le secteur est peut-être trop riche, ou bien le collaborateur s'organise-t-il mal ?).

h - Classe de marge

Informer l'agent technico-commercial et le secrétariat du code de marge appliqué pour chaque client ou catégorie de clients en veillant qu'il soit porté sur les fiches-clients respectives (par sondage).

- Code 01 = 10 % de marge
- Code 02 = 13 % -
- Code 03 = 15 % -
- Code 04 = 20 % -
- Code 05 = 25 % -

5. RAPPEL DE QUELQUES ACTIONS DIVERSES

La direction commerciale reçoit les devis exécutés par le service « devis » pour accord et les transmet au secrétariat après visa.

Elle est informée par le service comptabilité des encours financiers des clients chaque mois (procédure normale) et chaque fois qu'une commande est enregistrée de la part d'un client présentant un encours hors-norme pour prendre une décision (acceptation ou rejet de la commande, action à faire exécuter par l'agent technico-commercial, etc.).

Au lancement de cette organisation, le « canevas général des tournées » est établi (voir annexe) et est remis à chaque agent technico-commercial lors de son intégration, avec la liste des entreprises à visiter afin qu'ils puissent établir régulièrement leurs « plans de travail ».

Les opérations de mailing sont définies, lancées et contrôlées selon le chapitre 5 « mailing ».

Prévoir des entrevues individuelles avec chaque agent technico-commercial. Elles seront plus ou moins fréquentes en fonction du sérieux, de l'efficacité et de la compétence de l'homme, mais au moins une fois par mois. Ces entretiens individuels auront lieu soit lorsque le collaborateur viendra à l'usine, soit lorsque le directeur commercial l'accompagnera dans sa tournée.

Il faut vérifier que les agents technico-commerciaux s'astreignent bien aux travaux administratifs et aux mises à jour de leur fichier.

Un fichier qui n'est pas régulièrement suivi devient rapidement inexploitable et meurt... après tout les efforts et l'argent qu'il a coûté pour le mettre en place.

En ce qui concerne le recrutement, les objectifs, le système de rémunération des agents technico-commerciaux, voir en annexe « recrutement d'un agent technico-commercial ».

De temps à autre, également, il est nécessaire de vérifier si le secrétariat commercial :

- suit bien l'exploitation des différents documents,
- n'est pas surchargé.

En effet il est primordial pour la bonne marche de cette organisation qu'aucun retard ne soit pris dans la mise à jour des documents et dans la transmission des informations.

CANEVAS GENERAL DES TOURNEES : SECTEUR I

1. DELIMITATION DU SECTEUR I

Il comprend les départements inclus dans une ligne TOULOUSE — CLERMONT-FERRAND — CHALON S/SAONE — GENEVE, soit les départements suivants :

01 AIN	34 HERAULT
03 ALLIER	38 ISERE
04 ALPES-HTE-PVCE	42 LOIRE
05 ALPES (HAUTES)	43 LOIRE (HAUTE)
06 ALPES-MARITIMES	48 LOZERE
07 ARDECHE	63 PUY-DE-DOME
09 ARIEGE	66 PYRENÉES-ORIENTALES
11 AUBE	69 RHONE
12 AVEYRON	71 SAONE-ET-LOIRE
13 BOUCHES-DU-RHONE	73 SAVOIE
15 CANTAL	74 HAUTE-SAVOIE
26 DROME	81 TARN-ET-GARONNE
30 GARD	83 VAR
31 GARONNE (HAUTE)	84 VAUCLUSE

2. POTENTIEL DU SECTEUR I

Un recensement des entreprises a été fait à partir d'information de la Fédération Nationale du Bâtiment et Travaux Publics, de l'I.N.S.E.E. et d'annuaires professionnels (SAGERET, FADIN).

Nous avons tenu compte des entreprises de :

6 étoiles : plus de 300 ouvriers
5 étoiles : de 100 à 300 ouvriers
4 étoiles : de 50 à 100 ouvriers
3 étoiles : de 30 à 50 ouvriers

En ce qui concerne les 3 étoiles, nous n'avons retenu que les entreprises des Bouches-du-Rhône (siège de l'entreprise) et des départements limitrophes, pour arriver à un total de 800 entreprises, représentant environ 1100 visites.

3. SITUATION ACTUELLE (avant mise en route de l'agent technico-commercial)

Après comptage, nous pouvons estimer à 146 le nombre de clients actuels en fiches, ce qui représente un nombre de visites (théoriques) suivant :

• Visite aux clients actuels (en moyenne 2 personnes différentes) 146 × 2	=	290 visites
• Doublages de visites pour certains	=	90 visites
• Suivi de chantier	=	50 visites
Nombre de visites faites actuellement		430 visites

4. ELEMENTS D'ELABORATION DU CANEVAS

Il peut être effectué en moyenne 5 visites par jour, soit pour un agent technico-commercial à temps complet, un nombre de 1100 pour une année de travail.

Compte tenu des visites déjà effectuées, il faut donc encore :

1100 visites possibles — 430 visites actuelles = 670 visites des prospects

En fonction de visites doublées, voire triplées, il faut 650 entreprises supplémentaires, soit un total de 146 + 650 = environ 800.

Elles se répartissent selon le tableau ci-après :

Compte tenu des contraintes des limites géographiques, nous avons établi des sous-secteurs en essayant d'avoir pour chacun un potentiel assez rapproché. Nous obtenons la carte ci-après avec une grille qui permet de calculer le nombre de semaines nécessaires pour effectuer toutes les visites (avec 20 visites par semaine environ)

5. CANEVAS GÉNERAL DES TOURNÉES

En essayant de répartir d'une façon logique les semaines de fréquences déterminées grâce à la grille de la carte du secteur, nous établissons un planning de tournées sur les sous-secteurs pour les 60 semaines à venir, temps nécessaire (théorique) pour effectuer la visite de tous les clients potentiels (visite et suivi pour certains).

Remarque : Ceci n'est qu'une rapide synthèse de l'étude qui a été faite pour aboutir au découpage des secteurs et à ces canevas.

Tableau 14 : Répartition des clients sur le secteur I

Départements		6 étoiles	5 étoiles	4 étoiles	3 étoiles	TOTAUX
01	AIN	2	7	3	.	12
03	ALLIER	1	6	10	.	17
04	ALPES HTE PVCE	.	.	4	5	9
05	HAUTES ALPES	.	.	4	15	19
06	ALPES MARITIMES	9	22	30	.	61
07	ARDECHE	.	4	7	.	11
09	ARIEGE	.	2	2	.	4
11	AUBE	1	3	16	.	20
12	AVEYRON	.	2	3	.	5
13	BOUCHES DU RHONE	17	20	35	79	151
15	CANTAL	1	3	4	.	8
26	DROME	2	2	14	.	18
30	GARD	2	3	5	.	10
31	HAUTE GARONNE	9	14	12	.	35
34	HERAULT	5	6	6	.	17
38	ISERE	8	9	19	.	36
42	LOIRE	7	10	15	.	32
43	HAUTE LOIRE	.	1	2	.	3
48	LOZERE	.	.	2	.	2
63	PUY DE DOME	2	15	9	.	26
66	PYRENEES ORIENT.	2	5	12	.	19
69	RHONE	22	28	32	.	82
71	SAONE ET LOIRE	2	9	18	.	29
73	SAVOIE	2	6	15	.	23
74	HAUTE SAVOIE	2	6	13	.	21
81	TARN ET GARONNE	.	5	6	.	11
83	VAR	4	8	23	36	71
84	VAUCLUSE	3	8	10	22	43
	TOTAUX	103	206	335	157	800

Carte 15 :
Secteur I (et ses sous-secteurs)

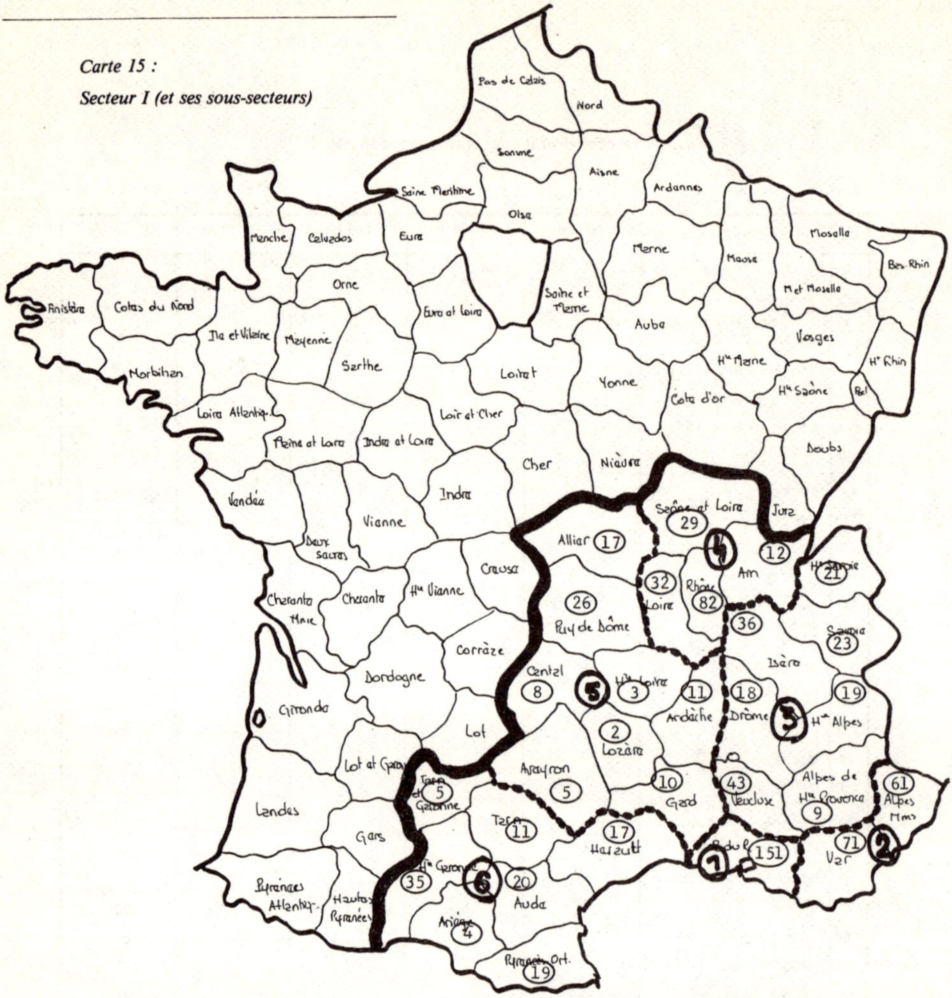

SOUS SECTEURS	ENTREPRISES	VISITES	% VISITES	SOIT NOMBRE DE SEMAINES
1	151	265	23 %	13 semaines
2	132	186	16 %	10 semaines
3	169	238	21 %	12 semaines
4	155	187	16 %	10 semaines
5	82	100	9 %	6 semaines
6	111	182	15 %	9 semaines
Totaux	800	1.158	100 %	60 semaines

RECRUTEMENT D'UN AGENT TECHNICO-COMMERCIAL

Compte tenu du caractère propre des produits à vendre (produits standards et produits spéciaux) et des connaissances techniques que doit acquérir l'agent technico-commercial, l'intégration suivante est proposée :

1. DANS UNE PREMIÈRE PHASE (six mois)

L'agent technico-commercial ne visitera que des entreprises n'ayant jamais travaillé avec nous, il leur présentera notre entreprise en vendant seulement des produits standards. Lorsqu'il se trouvera en présence d'affaires concernant les produits spéciaux, il transmettra tous les renseignements à la direction commerciale.

Le dirigeant actuel continuera son programme commercial en cours et interviendra donc pour les produits spéciaux chez les prospects de l'agent technico-commercial.

2. DANS UNE DEUXIÈME PHASE (six autres mois)

L'agent technico-commercial ne visitera toujours que des entreprises n'ayant jamais travaillé avec nous, mais pour vendre aussi bien les produits standards que les produits spéciaux.

Le dirigeant actuel continuera son propre programme commercial dans sa clientèle.

3. DANS UNE TROISIÈME PHASE (six mois suivants)

L'agent technico-commercial visitera ses propres prospects plus une majeure partie de la clientèle du dirigeant, pour l'ensemble des produits.

Le dirigeant actuel, quant à lui, ne s'occupera plus que des clients importants et des « relations publiques » (à temps partiel).

4. ENSUITE

L'agent technico-commercial prendra en charge la totalité des opérations commerciales sur une région.

Dans cette optique, nous apportons les précisions suivantes aux différents points :

a - Définir qui il va visiter

Il devra, dans un premier temps, visiter uniquement des prospects (toutes catégories) selon une liste qui lui sera remise par la direction commerciale.

Tableau 16 : Canevas général des tournées (secteur I)

Sne	Dates réelles	Sous-secteurs	Sne	Dates réelles	Sous-secteurs
01	2 janvier 1979	1 B.du.R	31	27 août 1979	2 Côte d'Azur
02	8 -	2 Côte-d'Azur	32	3 septembre	3 Alpes
03	15 -	3 Alpes	33	10 -	4 Lyonnais
04	22 -	1 B.du.R	34	17 -	6 Midi Pyrénées
05	29 -	4 Lyonnais	35	24 -	1 B.du.R
06	5 février	5 Massif Central	36	1 octobre	3 Alpes
07	12 -	1 B.du.R	37	8 -	2 Côte d'Azur
08	19 -	6 Midi Pyrénées	38	15 -	6 Midi Pyrénées
c	26 -	3 Alpes	39	22 -	1 B.du.R
10	5 mars	1 B.du.R	40	29 -	4 Lyonnais
11	12 -	2 Côte-d'Azur	41	5 novembre	3 Alpes
12	19 -	6 Midi Pyrénées	42	12 -	5 Massif Central
13	26 -	1 B.du.R	43	19 -	2 Côte d'Azur
14	2 avril	4 Lyonnais	44	26 -	1 B.du.R
15	9 -	3 Alpes	45	3 décembre	4 Lyonnais
16	16 -	1 B.du.R	46	10 -	3 Alpes
17	23 -	6 Midi Pyrénées	47	17 -	6 Midi Pyrénées
18	30 -	2 Côte-d'Azur	48	24 -	5 Massif Central
19	7 mai	4 Lyonnais	49	31 -	1 B.du.R
20	14 -	1 B.du.R	50	7 janvier 1980	2 Côte d'Azur
21	21 -	3 Alpes	51	14 -	3 Alpes
2_	28 -	6 Midi Pyrénées	52	21 -	4 Lyonnais
23	4 juin	5 Massif-Central	53	28 -	6 Midi Pyrénées
24	11 -	2 Côte-d'Azur	54	4 février	1 B.du.R
25	18 -	1 B.du.R	55	11 -	3 Alpes
26	25 -	3 Alpes	56	18 -	2 Côte d'Azur
27	2 juillet	4 Lyonnais	57	3 mars	4 Lyonnais
28	9 -	6 Midi Pyrénées	58	10 -	1 B.du.R
29	16 -	5 Massif-Central	59	17 -	6 Midi Pyrénées
30	23 -	1 B.du.R	60	24 -	3 Alpes

b - Définir ce qu'il va vendre

Il ne vendra que les produits standards. Les produits spéciaux seront réservés, pendant six mois, au dirigeant actuel.

c - Définir où il va travailler

Il travaillera dans les limites du **secteur I,** sans que ce secteur soit fixe pour lui : il pourra, selon les besoins et à la demande de la direction commerciale, intervenir en dehors de cette région.

d - Définir ce qu'il doit faire

Son temps sera consacré exclusivement à la visite des prospects et à leurs relances concernant la vente des produits standards. Il devra également présenter les possibilités de l'entreprise en produits spéciaux (en transmettant ces affaires au dirigeant actuel).

e - Définir son évolution dans le temps

La durée d'application de cette façon de travailler sera plus ou moins longue en fonction :

- de la compétence de l'agent technico-commercial,
- de sa capacité à évoluer et à assimiler les connaissances techniques particulières aux produits spéciaux,
- des problèmes rencontrés.

L'intégration sera progressive pour qu'à terme, l'agent technico-commercial se charge de l'ensemble de la clientèle sur le Secteur I.

Il pourra également s'occuper ultérieurement de la formation et de la mise en route des nouveaux agents technico-commerciaux, voire, prendre la fonction de chef des ventes.

f - Définir sa rémunération et le mode de remboursement des frais

Pendant les douze premiers mois,

la rémunération pourra être :

- fixe de 4 500 F par mois
- variable de 1 000 F par mois (pour un quota réalisé à 100%)

(voir le calcul des quotas en h).

les frais de déplacement seront remboursés sur justificatifs avec indication d'un maximum de remboursement, quel que soit le montant :

- le repas 30 F
- la chambre 70 F
- véhicule 800 F fixes par mois + 0,30 F du kilomètre.

Tableau 17 : Définition du profil de l'agent technico-commercial
(pour secteur I)

CARACTERISTIQUES	Impératives	Nécessaires	Intéressantes	Inutiles
Etat-civil				
. Sexe	MASCULIN			
. Age		28 / 35		
. Marié, enfants				X
. Domicilié	B du R	MARSEILLE		
. Téléphone personnel		OUI		
. Véhicule personnel		OUI		
. Libéré O.M.		OUI		
. Aspect physique			Bonne présent.	
Formation				
. Etudes secondaires		OUI		
. Etudes supérieures			X	
. Etudes spécialisées			BETON ARME	
. Recyclage permanent			OUI	
Connaissances				
. De notre profession			OUI	
. De celle des clients		OUI		
. De sa région d'activité	OUI			
. Langue (parlé, lu,...)				X
Expérience				
. De la vente		OUI		
. Vente de nos produits			OUI	
. Vente à nos clients	OUI			
. Technique		OUI		
. Introduction clients			OUI	
. Années d'expérience		3 / 5 ans		
Divers				
. Hobby, lectures...				
. Disponibilité voyager	semaine entière			
. ....				

g - Définir son profil

L'homme que nous rechercherons devra présenter des caractéristiques les plus proches possibles de celles définies sur la grille ci-après.

Contrat de travail : Il sera établi un contrat de travail. Compte tenu du caractère spécifique de son activité, l'agent technico-commercial ne peut pas bénéficier du statut VRP, par contre, il sera cadre (voir en annexe un projet de contrat de travail de cadre technico-commercial).

Organigramme : Il ne recevra des instructions et des ordres que de la part du directeur commercial. Il ne sera contrôlé que par cette seule et même personne.

h - Définir son contrôle

Son contrôle s'effectue à deux niveaux : contrôle de son activité par les rapports abrégés de visites du « compte rendu d'activité » et contrôle de sa rentabilité par les quotas ou objectifs fixés. Ceux-ci servent d'ailleurs à fixer la partie variable de sa rémunération.

Les quotas sont les suivants :

Nombres de « contacts » par jour (moyenne journalière)

Saisie des données : « compte rendu d'activité »

$$\text{Calcul mensuel : } \frac{\text{Nombre de contacts total dans le mois}}{\text{Nombre de jours travaillés dans le mois}}$$

Nombre de « visites » par jour (moyenne journalière)

Saisie des données : « compte rendu d'activité »

$$\text{Calcul mensuel : } \frac{\text{Nombre de visites total dans le mois}}{\text{Nombre de jours travaillés dans le mois}}$$

Nombre de commandes par jour (moyenne par jour et dont l'agent technico-commercial est à l'origine pour les indirectes)

Saisie des données : cahier de commandes (date de réception de la commande au siège)

$$\text{Calcul mensuel : } \frac{\text{Nombre de commandes enregistrées dans le mois}}{\text{Nombre de jours travaillés dans le mois}}$$

Nombre d'affaires de « produits spéciaux » transmises

Saisie des données : dirigeant à qui les affaires sont transmises

Calcul mensuel : Nombre total des affaires transmises

Chiffre d'affaires réalisé (moyenne journalière)

Saisie des données : comptabilité (ventilation des factures en fin de mois)

$$\text{Calcul mensuel : } \frac{\text{Chiffre d'affaires réalisé dans le mois}}{\text{Nombre de jours travaillés dans le mois}}$$

Les objectifs fixés pour l'attribution des points sont les suivants :

Contact-jour (calcul, voir ci-dessus)

Objectif : 12 (moyenne journalière)

Réalisation : 10 contacts (moyenne journalière) = 0 point

11	-d°-	= 1 -
12	-d°-	= 5 -
13	-d°-	= 8 -
14	-d°-	= 13 -
15	-d°-	= 20 -

Visite-jour (calcul, voir ci-dessus)

Objectif : 6 (moyenne journalière)

Réalisation : 4 visites (moyenne journalière) = 0 point

5	-d°-	= 3 -
6	-d°-	= 7 -
7	-d°-	= 15 -
8	-d°-	= 30 -

Commande-jour (calcul, voir ci-dessus)

Objectif : 1 commande (moyenne journalière)

Réalisation : 0,5 commande (moyenne journalière) = 0 point

(1er semest.)	0,8	-d°-	= 8 -
	1	-d°-	= 12 -
	1,5	-d°-	= 18 -
	2	-d°-	= 28 -
(2e semest.)	1	-d°-	= 0 -
	1,5	-d°-	= 8 -
	2	-d°-	= 12 -
	3	-d°-	= 18 -
	4	-d°-	= 35 -

Nombres d'affaires produits spéciaux transmises (calcul voir ci-dessus)

(informations se traduisant par un devis, quelqu'en soit l'issue : commande ou affaire perdue).

Par affaire (dans le mois)

entre 1 et 10 affaires = 2 points par affaire

au-dessus de 10 affaires = 3 points par affaire

(exemple : 9 affaires = 18 points ; 11 affaires = 33 points)

Chiffres d'affaires-jour (calcul, voir ci-dessus)

Objectif : 6 000 F (moyenne journalière)

Réalisation : de 0 à 5 500 = 0 point

5 500 à 6 000	= 6 -
6 000 à 8 000	= 9 -
8 000 à 9 000	= 15 -
9 000 à 10 000	= 25 -

Rémunération : attribution de la prime mensuelle :

Objectif total mensuel = 50 points

(contact = 5) + (visite = 7) + (commande = 12) + (affaire = 20) + (chiffre d'affaires = 6) = 50 points.

Réalisation : de	0 à 50	points	= 18 F	par point acquis
	50 à 70	-	= 20 F	-
	70 à 100	-	= 24 F	-
	100 à 125	-	= 30 F	-

Exemple de calcul :

• Contact-jour	: 11	(moyenne journalière du mois considéré)	= 1 point
• Visite-jour	: 7	-	= 15 -
• Commande-jour	: 0,9	-	= 8 -
• Affaire-transmise	: 12	(en totalité/mois)	= 36 -
• Chiffre d'affaires	: 6500	(moyenne journalière)	= 9 -
- Réalisation totale mensuelle			69 points

• Montant de la prime = 69 × 20 = 1 380 F pour le mois (le calcul et le règlement sont effectués le mois suivant).

Réalisation pratique :

Il sera établi un tableau permettant d'avoir rapidement le montant des primes mensuelles des agents technico-commerciaux (voir grille 18 ci-après : fiche de calcul des primes des agents technico-commerciaux).

Pour lui permettre de suivre lui-même sa progression au jour le jour, une fiche sera également remise chaque mois au collaborateur (voir grille 19 ci-après : fiche de progression).

i - Définir ses méthodes de travail :

Il devra, en cours de tournée, avoir :

- dans sa serviette,
  - Fiches-clients vierges
  - Carnet de compte rendu d'activité
  - Argumentaire
  - Documentation générale des produits standards
  - Fiches techniques produits
- dans sa voiture,
  - maquette du produit « A »

Les visites se feront en prenant comme base la liste des entreprises remise par la direction commerciale ainsi que le « canevas général des tournées ». Le « plan de travail » devra indiquer les points de contacts possibles (postes restantes de la ville visitée chaque jour).

L'agent technico-commercial devra parfaitement respecter sa procédure commerciale qui lui sera donnée avec son contrat de travail.

Périodiquement (plus souvent au début), le directeur commercial accompagnera son collaborateur dans sa tournée (au moins deux jours de suite).

Grille 18 : *Fiche de calcul des primes des agents technico-commerciaux*

CALCUL DES PRIMES DES AGENTS TECHNICO-COMMERCIAUX

MOIS DE FEVRIER 1979

NOMS DES AGENTS TECHNICO-COMMERC^x	NBRE DE JOURS TRAVAIL.	CONTACTS			VISITES			COMMANDES			AFFAIRES SPECIALES			CHIFFRE D'AFFAIRES			TOTAL DES POINTS	VALEUR DU POINT	MONTANT DE LA PRIME.
		TOTAL	MOY/J.	POINTS	TOTAL	MOY/J.	POINTS	TOTAL	MOY/J.	POINTS	TOTAL	VALEUR	POINTS	TOTAL	MOY/J.	POINTS			
GAUTHEY	20	221	11,5	1	127	6,3	7	36	1,8	18	13	3	3,9	125 KF	6,2 KF	9	73	24	1752
DUBAND	19	192	10,1	0	112	5,9	3	27	1,4	12	7	2	14	99 KF	5,2 KF	0	29	18	522
LUBRANO	19	212	11,1	1	138	7,2	15	34	1,8	18	11	3	33	143 KF	7,5 KF	9	76	24	1824
JULIEN	20	208	10,4	0	119	5,9	3	24	1,2	12	8	2	16	101 KF	5,1 KF	0	31	18	558

10 MOY/JOUR : 0 PT	4 MOY/JOUR : 0 PT	0,5 MOY/JOUR : 0 PT	PAR AFFAIRE	0 < 5500 : 0 PT	TRANCHES DE POINTS
11 MOY/JOUR : 1 -	5 MOY/JOUR : 3 -	0,8 MOY/JOUR : 8 -	1 < 10 : 2 PTS	5500 < 6000 : 6 -	0 < 50 PT : 18 FRS LE POINT
12 MOY/JOUR : 5 -	6 MOY/JOUR : 7 -	1 MOY/JOUR : 12 -	> 10 : 3 -	6000 < 8000 : 9 -	50 < 70 PT : 20 FRS -
13 MOY/JOUR : 8 -	7 MOY/JOUR : 15 -	1,5 MOY/JOUR : 18 -		8000 < 9000 : 15 -	70 < 100 PT : 24 FRS -
14 MOY/JOUR : 13 -	8 MOY/JOUR : 30 -	2 MOY/JOUR : 28 -		9000 < 10.000 : 25 -	100 < 150 PT : 30 FRS -
15 MOY/JOUR : 20 -					

Grille 19 : Fiche de progression de l'agent technico-commercial

AGENT TECHNICO-COMMERCIAL MONSIEUR GAUTHEY MOIS DE Février 79

DATES	CONTACTS				VISITES				COMMANDES				AFFAIRES SPECIALES				NOMBRE DE POINTS AU CUMULE
	NBRE	CUMUL	M/J	POINTS	NBRE	CUMUL	M/J	POINTS	NBRE	CUMUL	M/J	POINTS	NBRE	CUMUL	P^T/AF.	POINTS	
01	10	10	10	0	6	6	6	7	2	2	2	28	1	1	2	2	37
02	10	20	10	0	6	12	6	7	1	3	1,5	18	-	1	2	2	27
05	8	28	9,3	0	6	18	6	7	1	4	1,3	12	1	2	2	4	23
06	12	40	10	0	5	23	5,7	3	1	5	1,2	12	1	3	2	6	21
07	13	53	10,6	0	7	30	6	7	1	6	1,2	12	-	3	2	6	25
08	11	64	10,7	0	6	36	6	7	-	6	1	12	1	4	2	8	27
09	10	74	10,6	0	7	43	6,1	7	2	8	1,1	12	-	4	2	8	27
12	9	83	10,3	0	5	48	6	7	1	9	1,1	12	1	5	2	10	29
13	14	97	10,7	0	7	55	6,1	7	2	11	1,2	12	-	5	2	10	29
14	13	110	11	1	7	62	6,2	7	-	11	1,1	12	2	7	2	14	33
15	9	119	10,8	0	6	68	6,2	7	2	13	1,2	12	-	7	2	14	33
16	11	130	10,8	0	6	74	6,2	7	-	13	1,1	12	1	8	2	16	35
19	11	141	10,8	0	8	82	6,3	7	1	14	1,1	12	-	8	2	16	35
20	12	153	10,9	0	7	89	6,4	7	1	15	1,1	12	3	11	3	33	52
21	8	161	10,7	0	6	95	6,3	7	2	17	1,1	12	-	11	3	33	52
22	15	176	11	1	7	102	6,4	7	3	30	1,9	18	1	12	3	36	61
23	14	190	11,2	1	6	108	6,3	7	2	32	1,9	18	-	12	3	36	61
26	9	199	11,6	1	7	115	6,4	7	1	33	1,8	18	-	12	3	36	61
7	7	206	10,8	0	5	120	6,3	7	2	35	1,8	18	1	13	3	39	64
28	15	221	11,5	1	7	127	6,3	7	1	36	1,8	18	-	13	3	39	64

MOYENNE/JOUR 10 = 0 P^T
- 11 : 1 -
- 12 : 5 -
- 13 : 8 -
- 14 : 13 -
- 15 : 20 -

MOYENNE/JOUR 4 : 0 P^T
- 5 : 3 -
- 6 : 7 -
- 7 : 15 -
- 8 : 30 -

MOYENNE/JOUR 0,5 = 0 P^T
- 0,8 = 8 -
- 1 = 12 -
- 1,5 = 18 -
- 2 = 28 -

PAR AFFAIRE
1 < 10 : 2 P^T
> 10 : 3 P^T

CHIFFRE AFFAIRES MOYENNE/JOUR
0 < 5500 = 0
5500 < 6000 = 6
6000 < 8000 = 9
8000 < 9000 = 15
9000 < 10.000 = 25

CALCUL DES POINTS C.A

$\frac{\text{CA DU MOIS}}{\text{NBRE JOURS}}$ = MOYENNE/J.

$\frac{125.100}{20}$ = 6255

VALEUR DES POINTS
0 < 50 PTS = 18 FRS
50 < 70 - = 20 FRS
70 < 100 - = 24 FRS
100 < 150 - = 30 FRS

NOMBRE DE POINTS 64
NOMBRE DE P^T CA + 9
NOMBRE POINTS TOTAL = 73
VALEUR DU POINT × 24
MONTANT PRIME : 1752 F

j - Définir son recrutement

Il a été décidé de faire appel à un cabinet de recrutement pour sélectionner deux ou trois candidats parmi lesquels la direction choisira son collaborateur.

k - Définir son intégration

Prévoir et planifier l'intégration de l'agent technico-commercial dans l'entreprise qui consiste en :
- lui faire faire connaissance avec les différentes personnes,
- lui faire connaître les différents services avec les grandes lignes de leurs activités,
- le familiariser avec les documents administratifs le concernant et leur circuit,
- le familiariser avec les produits qu'il va vendre et les autres que vend l'entreprise,
- le familiariser avec la clientèle.

Ces différents points sont traduits dans le calendrier suivant :

- 02.01.1979	:	• Entrée en activité • Généralités (entretien avec le PDG) • Présentation de l'entreprise, des personnes.
- 03, 04 et 05	:	• Connaissance des différents services : - secrétariat - bureau d'études - atelier
- semaine du 8 janvier	:	• Formation technique : - atelier - bureau d'études
- semaine du 15 janvier	:	• Formation commerciale : - 2 jours sur le terrain avec le dirigeant - 1 jour au secrétariat - 2 jours sur le terrain seul
- semaine du 22 janvier	:	• Formation commerciale : - 5 jours seul sur le terrain
- 29 janvier	:	• Formation générale (par un des deux dirigeants)
- 30 janvier	:	• Formation administrative : - secrétariat - seul pour se familiariser avec les documents
- 31 janvier 2 février	:	• Complément formation technique : - bureau d'études - atelier
- semaine du 5 février	:	• Tournée en clientèle : - 3 jours seul - 2 jours avec le directeur commercial

- semaines suivantes : • Tournée en clientèle seul :
  - 1 semaine seul
  - semaine suivante 2 jours, accompagné par le directeur commercial
  - 1 semaine seul
  - etc.

CONTRAT D'AGENT TECHNICO-COMMERCIAL

Entre les soussignés :

- La Société ....
  au capital de ....
  dont le siège est à ....
  Prise en la personne de Monsieur ....
  agissant en qualité de ....

d'une part,

- Et Monsieur.............................. Agent technico-commercial,
  demeurant à ....

d'autre part,

IL A ETE ARRETE ET CONVENU CE QUI SUIT

ARTICLE 1er : ENGAGEMENT

La Société .... engage à titre personnel
Monsieur .... en qualité d'agent technico-commercial
Coefficient........... et aux conditions suivantes que celui-ci déclare accepter.

ARTICLE 2e : PERIODE D'ESSAI

Le présent contrat ne deviendra définitif qu'au terme d'une période d'essai de .... mois au cours de laquelle un chiffre d'affaires d'au moins .... francs devra être enregistré.

Pendant cette période en cas de rupture sauf pour faute grave, la durée du préavis réciproque est ainsi fixé :

- pendant le premier mois : néant
- après le premier mois : une semaine
- après six semaines : deux semaines
- après le deuxième mois : un mois

Pendant cette période, chacune des parties peut résilier les conventions à son gré, sans indemnité d'aucune sorte, à charge seulement pour celle des parties qui prendrait l'initiative de la rupture d'avertir l'autre par lettre recommandée avec accusé de réception.

ARTICLE 3e : ATTRIBUTIONS

a - Missions :

Monsieur .... se rendra sur demande de la Direction aux sièges, agences ou chantiers des entreprises pour accomplir des tâches d'animation commerciale, notamment par l'information, la prospection de cette clientèle, la démonstration en faveur des produits diffusés par la Société .... , le suivi des opérations de promotion des ventes, la prise en charge de l'ensemble des relations commerciales entre les clients de la Société et cette dernière, dans le cadre des responsabilités et des ordres qui lui seront donnés par la Direction.

Monsieur .... pourra être chargé de contrôler et d'animer l'activité des autres collaborateurs de vente que la société placerait sous ses ordres.

Monsieur .... effectuera de même toutes les enquêtes et études de marché que la société lui demanderait d'effectuer et informera en permanence la société sur l'état du marché, l'activité de la concurrence et les souhaits de la clientèle.

L'ensemble des fonctions de Monsieur .... lui seront précisées en détail par les directives de la société qu'il s'engage à respecter et faire respecter strictement. Il devra, en particulier, respecter strictement ses plans de tournées et faire parvenir chaque jour à la société un compte rendu d'activité et autres documents selon les modèles et prescriptions qui lui seront fournis.

b - Produits concernés ;

Monsieur ....accomplira sa mission pour les produits suivants :

- ....
- ....
- ....

La Société.................................... se réserve le droit exclusif de modifier cette liste, soit par adjonction, soit par suppression de certains produits. Dans ce dernier cas, Monsieur .... ne pourra prétendre à aucune indemnisation, cette suppression ou modification ayant toujours pour cause une nécessité commerciale impérieuse.

c - Secteur d'activité, exclusivité ;

Monsieur .... exerce ses missions sans aucune considération de secteur géographique privilégié. Le secteur d'activité sera notifié par la Direction chaque fois que nécessaire selon les impératifs commerciaux.

Monsieur .... ne jouira pas de l'exclusivité de la clientèle qui, en fonction des problèmes rencontrés, pourra être visitée par d'autres personnes désignées par la Société.

ARTICLE 4e : CONDITIONS

Le présent contrat est consenti et accepté aux conditions suivantes :

Monsieur .... est un salarié de droit commun. En tant que tel, son statut est régi par la Convention Collective Nationale des Ingénieurs Assimilés et Cadres du Bâtiment du 23 juillet 1956 et ses avenants. Il ne pourra donc en aucun cas invoquer à son profit le bénéfice des articles L. 751.1 à L.751.14 du nouveau code du travail (anciens articles 29 K à 29 R du Livre 1er du Code du Travail).

Monsieur .... consacrera toute son activité au service de la Société ....
Il respectera les us et coutumes de la Société et les directives qui lui seront données.
Monsieur .... déclare être à tous les égards apte à exercer la dite fonction.

ARTICLE 5e : REMUNERATION ET FRAIS DE DEPLACEMENT

En rémunération de ses services, Monsieur .... recevra :

1 - Un salaire mensuel brut de .... francs

2. - Des primes calculées sur un nombre de points attribués en fonction d'actions spécifiques déterminées par la Direction, pour le trimestre à venir, selon les impératifs commerciaux du moment.

   Ces grilles de calcul seront des avenants annexés au présent contrat qui, chaque fois, annuleront les précédents.

   La valeur du point, fixée au .... est de ....francs.

   Ces primes n'entreront en application qu'à l'issue de la période d'essai.

   Les frais professionnels seront remboursés sur présentation d'une note de frais établie chaque semaine, accompagnée des justificatifs.

- frais de restaurants et d'hôtels ....
- frais de véhicule ....
- autre frais, après accord de la direction.

Ces types de rémunération et de remboursement de frais professionnels pourront être modifiés selon l'évolution des nécessités commerciales de la Société.

ARTICLE 6e : REPARTITION DES PRIMES

Lorsque dans la réalisation d'une affaire, il y a interférence entre plusieurs agents, les points éventuellement attribués sont répartis comme suit, selon la « règle des 1/6e » :

1. Découverte de l'affaire	: 1/6 des points
2. Elaboration de l'affaire	: 3/6 -
3. Lieu du Siège qui a signé le bon de commande (avec ou sans discussion sur les conditions finales)	: 1/6 -
4. Lieu de livraison	: 1/6 des points.

ARTICLE 7ᵉ : CONGES PAYES

Monsieur .... bénéficiera du régime légal de congés payés. L'indemnité de congé à laquelle il pourra prétendre sera égale à 1/12ᵉ de la rémunération qu'il aura perçue au cours de la période de référence qui sera celle écoulée entre le 1ᵉʳ juin de l'année précédente et le 31 mai de l'année en cours.

Pour le calcul de cette indemnité, il ne sera pas tenu compte des frais professionnels.

ARTICLE 8ᵉ : ASSURANCE

Monsieur .... s'engage à souscrire une police d'assurance le protégeant contre les accidents causés aux tiers par sa propre voiture ou tout autre véhicule qu'il pourrait utiliser ; la garantie devra être illimitée. Il s'engage à demeurer assuré pendant la durée des présentes conventions, à payer régulièrement les primes et à justifier de ce paiement à tout moment auprès de la Direction.

La police contiendra une clause garantissant formellement la responsabilité civile de la Société dans tous les cas où elle serait recherchée à l'occasion d'un accident causé par la voiture assurée.

Elle devra également mentionner l'engagement pris par la Compagnie d'Assurances de prévenir la Société en cas de diminution de la garantie ou de résiliation du contrat pour quelque cause que ce soit.

Toute infraction au présent article serait considérée comme une faute grave pouvant entraîner la résiliation du contrat sans préavis ni indemnité.

ARTICLE 9ᵉ : ACCIDENT, MALADIE

En cas d'accident, Monsieur .... devra immédiatement en informer la Société .... et confirmer dans les 48 heures, par lettre recommandée, en spécifiant toutes les circonstances dans lesquelles cet accident s'est produit.

Monsieur .... se charge de toutes les déclarations auprès de sa Compagnie d'Assurances telles que prévues dans son contrat d'assurance.

La Société .... se réserve tous droits de recours éventuels qu'elle pourrait exercer en l'espèce contre l'auteur de l'accident.

Monsieur .... devra avertir immédiatement la Société de ses absences pour maladie et les justifier dans les 48 heures par un certificat médical.

Tout manquement aux prescriptions de ces clauses serait considéré comme une faute grave susceptible d'entraîner la résiliation du contrat sans préavis ni indemnité.

ARTICLE 10e : DUREE DU CONTRAT ET RUPTURE

Le présent contrat prendra effet le .... et est conclu pour une durée indéterminée. Toutefois, il ne deviendra définitif qu'à l'expiration de la période d'essai (voir article 2e). Chacune des parties peut mettre fin au contrat, à son gré, à tout moment, à charge d'informer l'autre partie de la rupture par lettre recommandée avec accusé de réception et en respectant un préavis de trois mois.

Lorsque la rupture est provoquée par une faute grave ou un cas de force majeure, l'obligation de préavis est supprimée et le versement de l'indemnité de licenciement ou de départ n'est pas obligatoire.

ARTICLE 11e : SANCTION DES OBLIGATIONS

Toute infraction au présent contrat sera susceptible d'en entraîner la rupture sur simple demande de la Société .... sans aucune indemnité à sa charge et sous réserve des dommages et intérêts auxquels elle pourrait prétendre si cette rupture lui cause un préjudice.

ARTICLE 12e : NON-CONCURRENCE ET SECRET

Monsieur .... est tenu à l'égard de la Société .... pendant toute la durée du présent contrat, d'une obligation de fidélité et de non-concurrence qui lui interdit de s'intéresser directement ou indirectement à une entreprise concurrente de la Société, ou de collaborer sous quelque forme que ce soit avec une telle entreprise. Il doit garder une totale discrétion en ce qui concerne les renseignements techniques et commerciaux qu'il viendrait à connaître dans l'exercice de ses fonctions.

En outre, après la résiliation du présent contrat pour quelque cause que ce soit, Monsieur .... restera tenu de la discrétion prévue à l'alinéa précédent et s'engage formellement à ne pas travailler, sous quelque forme que ce soit, pour une entreprise concurrente de celle de la société, et à ne pas s'intéresser, directement ou indirectement à une telle entreprise, ceci pendant deux ans à compter de la cessation du présent contrat pour quelque cause que ce soit et dans tous les départements géographiques dans lesquels Monsieur .... aurait été amené à travailler pour le compte de la Société.

En cas de résiliation du présent contrat, pour quelque cause que ce soit, Monsieur .... devra, dans la huitaine de jours de la cessation de ses fonctions, restituer à la Société tous objets, documents, tarifs, programmes et instructions qui auraient pu lui être remis pour l'accomplissement de ses missions.

La non-restitution de l'un quelconque de ces documents ou objets visés ci-dessus sera sanctionnée par une astreinte définitive et non comminatoire de .... francs par jour de retard à titre de clause pénale, ladite astreinte se compensant automatiquement le cas échéant avec les sommes qui seraient éventuellement dues à Monsieur .... par la Société, le tout sans préjudice de toute action civile ou pénale pour le préjudice qui serait causé à la Société.

ARTICLE 13e : ATTRIBUTION DE COMPETENCE

Pour tout différend pouvant naître de l'application des présentes, il est fait attribution de compétence au Conseil des Prud'Hommes.

Fait en double exemplaire
à ....
le ....

Monsieur ....
Président Directeur Général de la Société ....

Monsieur ....
Agent technico-commercial

Signature précédée de la mention manuscrite « Lu et approuvé »

MODELE D'ATTESTATION A DELIVRER A L'AGENT TECHNICO-COMMERCIAL

Je, soussigné ....
agissant en qualité de ....
au nom de la Société ....
dont le siège est à ....
inscrite au Registre du Commerce sous le numéro ....
certifie que Monsieur .... né le .... à ....
demeurant à ....
est occupé dans notre entreprise en qualité de CADRE TECHNICO-COMMERCIAL.

A ce titre, il est chargé, entre autres, de visiter la clientèle et de prendre des commandes. Ne remplissant pas toutes les conditions prévues à l'article L. 751.1 du Code du Travail, Monsieur ....
ne peut prétendre à la possession de la Carte d'Identité Professionnelle des V.R.P. mais il a la qualité de salarié dans notre entreprise et est immatriculé au régime général de la Sécurité Sociale (Numéro ....)

Fait à ....
le ....
Signature.

CALCUL DU SEUIL DE RENTABILITE DE L'AGENT TECHNICO-COMMERCIAL

Calcul du coût prévisionnel de l'agent technico-commercial :

Appointements :

- Salaire mensuel brut (fixe + primes)	=	6 000
- Charges sociales (65 %, y compris les congés payés)	=	3 900
Total mensuel	=	9 900
	×	11 mois
Total annuel	=	**108 900**

Frais de Déplacement :

- Véhicule (800 + 0,30 du km × 3 500 km)	=	1 850
- Vie (130 par jour : 30 repas, 70 nuit))	=	1 600
- Divers (téléphone, invitations...)	=	250
Total mensuel	=	3 700
	×	11 mois
Total annuel	=	**40 700**

Coût annuel total :

- appointements	=	108 900	
- frais déplacement	=	40 700	
	=	149 600	arrondis à **150 000 F**

Calcul du prix de revient d'une visite

- nombre de visites par jour : 6
- nombre de visites par semaine : 6 × 5 = 30
- nombre de visites par an : 30 × 46 = 1 380
- prix de revient de la visite : 150 000 / 1 380 = **109 F**

Calcul du chiffre d'affaires minimum qu'il doit rapporter (seuil de rentabilité)

b) En tenant compte d'une « marge commerciale » de 15 % appliquée sur les prix de revient fabrication :
150 000 × 100 / 15 = 1 000 000 + marge 150 000 = **1 150 000 F**

c) En tenant compte d'une « marge commerciale » de 20 % appliquée sur les prix de revient fabrication :
150 000 × 100 / 20 = 750 000 + marge 150 000 = **900 000 F**

Calcul du volume minimum qu'il doit vendre :

a) 1 650 000 / 450 F le mètre carré = 3 700 m2
b) 1 150 000 / 450 F le mètre carré = 2 600 m2
c) 900 000 / 450 F le mètre carré = 2 000 m2

chapitre 4

Articulation générale et application

1. EXEMPLES D'APPLICATION

Suivons le déroulement complet, depuis la saisie d'une information concernant l'existence d'un prospect, jusqu'à son suivi d'entretien après avoir passé une commande (les numéros encerclés correspondent à ceux des documents signalés).

a - Exploitation d'une information presse

Saisie de l'information

Origine : • article dans la presse

Secrétariat : • émet la « fiche d'information » ⑨ (1 exemplaire pour A.T.C. ; 1 exemplaire classé « prévisions de travaux »).

A.T.C. : • reçoit ⑨
• se renseigne immédiatement.

Remontée de l'information

A.T.C. : • retour ⑨ avec mention de l'entreprise qui sera chargée du projet et date de sa relance,
• création « fiche-client-A.T.C. » ①
• établit « compte rendu d'activité » ④

Secrétariat : • reçoit becquet ①
• reçoit ④ en deux exemplaires
• reçoit ⑨ annotée
• ouvre, grâce à ① « fiche-client-siège » ②
• met à jour ② avec becquet de ④
• transmet à la direction commerciale ④ (un exemplaire + becquet « relances »)
• transmet à la direction commerciale ⑨ annotée et son double

Direction : • reçoit un exemplaire de ④
• reçoit papillon « relances »
• reçoit ⑨ annotée et le double
• colle becquet « relances » sur « fiche relances systématiques » ⑤ à la date voulue (si l'affaire est importante et la date précise).

b - Suivi d'un devis et commande

Saisie de l'information

Origine : • un client consulte par courrier

Secrétariat : • émet la « fiche d'information » ⑨ (1 exemplaire pour ATC ; 1 exemplaire classé « consultations »).
• inscription au « registre des affaires » avec un numéro d'ordre.
• ouverture du « dossier commercial » :
- chemise plastique
- courrier du client avec numéro d'affaire.
• inscription sur « fiche-client-siège » ②
• création d'une « barrette » : « devis à faire »
• demande à la direction le code de classe de marge (s'il n'est pas déjà défini).

A.T.C. : • reçoit ⑨
• la met en attente
• porte l'indication sur « fiche-client-A.T.C. » ①

Sce Devis : • étude du devis
• transmet l'étude à la direction commerciale avec dossier complet

Direction : • reçoit l'étude du devis dans le « dossier commercial »
• vérifie cette étude
• remet le devis à la frappe

Exploitation

Secrétariat : • reçoit étude du devis dans « dossier commercial »
• frappe et envoie le devis
• classement du « dossier commercial » à « devis terminé » dans l'armoire
• établit bandelettes gommées « fiches-devis » ③ (1 exemplaire pour A.T.C., 1 exemplaire pour sa « fiche-client-siège » ②)

A.T.C. : • reçoit bandelette ③
• colle ③ sur sa « fiche-client-A.T.C. » ①
• contacte téléphoniquement le client
• établit « compte rendu d'activité » ④ en portant la date de relance
• porte la date de relance sur « fiche d'information » ⑨

• transmet la « fiche d'information » ⑨ annotée au secrétariat

Nota : Dans le cas ou un prospect consulte (lorsqu'il n'y a pas encore de « fiche-client-siège » ② pour cette entreprise), le secrétariat ouvre provisoirement une « fiche-client-siège » ② au crayon. Dans le cadre normal de la procédure qui suit, l'A.T.C. ouvre normalement sa « fiche-client-A.T.C. » ①, transmet le becquet gommé au secrétariat qui ouvre définitivement sa fiche.

Suivi

Secrétariat : • reçoit « compte rendu d'activité » ④ en deux exemplaires
• reçoit « fiche d'information » ⑨ annotée
• met à jour sa « fiche-client-siège » ② avec le becquet gommé correspondant du « compte rendu d'activité » ④
• transmet à la direction un exemplaire (entier) du « compte rendu d'activité » ④ ; le becquet « relances » de ④ ; la « fiche d'information » ⑨ annotée avec son double.

Direction : • reçoit un exemplaire « compte rendu d'activité » ④
• reçoit becquet « relancc » de ④
• reçoit la «fiche d'information » ⑨ annotée et son double
• colle becquet « relances » sur la « fiche des relances systématiques » ⑤ à la date voulue (si affaire importante et date précise)

A.T.C. : Le jour de la relance venu :
• établit son « plan de travail » ⑧ (double secrétariat)
• prend éventuellement rendez-vous avec ce client
• effectue sa visite
• établit le « compte rendu d'activité » ④ en même temps que la mise à jour de sa « fiche-client-A.T.C. » ① (indique, si nécessaire, une nouvelle date de relance).

Commande

PREMIER CAS

Secrétariat : • reçoit la commande d'un client directement (courrier ou téléphone)
• crée une « fiche bleue »
• la met au planning
• met à jour la « fiche-client-siège » ② (code résultat dans la partie devis)
• informe l'A.T.C. concerné (photocopie)
• enregistre au « cahier des commandes »
• annotation au « registre de affaires »
• joint la commande au « dossier commercial » et transmet à la comptabilité

Comptabilité: • vérifie l'importance des encours de ce client
• dans les normes : transmet au service technique,

• hors-normes : avise la direction
• effectue la facture d'acompte

A.T.C. : • mise au point et accord commercial définitif (en concordance avec les délais de fabrication et les encours financiers)
• mise à jour de sa « fiche-client-A.T.C. » ① (code résultat dans la partie devis)

DEUXIEME CAS

A.T.C. : • prend la commande chez le client
• demande un chèque barré de 30 % du montant
• transmet le tout au siège immédiatement
• ensuite, idem que ci-dessus

Secrétariat : • reçoit la commande + le chèque
• transmet à la direction pour vérification et accord

Direction : • reçoit la commande + le chèque
• donne son accord ou refus (dans ce dernier cas, avis immédiat à l'A.T.C. qui reprend contact avec son client,
• transmet la commande visée et le chèque au secrétariat

Secrétariat : • reçoit commande et chèque
• la commande suit la procédure normale (voir ci-dessus **premier cas)**
• chèque remis à la comptabilité

Comptabilité: • reçoit le chèque
• l'enregistre
• le remet à l'encaissement
• procédure normale pour la commande (voir ci-dessus **premier cas)**

Affaire « sans suite » ou perdue

A.T.C. : • après visite du client ou information :
- complète sa « fiche-client-A.T.C. » ①
- établit le « compte rendu d'activité » ④
- transmet ④ au secrétariat

Secrétariat : • reçoit « compte rendu d'activité » ④ en deux exemplaires
• met sa fiche-client-siège ② à jour
• retire le « dossier commercial » concerné de l'armoire et l'archive « affaire sans suite »

Suivi de commande

Secrétariat : • met à jour la « fiche-client-siège » ② (chiffre d'affaires total de la livraison)
• informe l'A.T.C. du chiffre d'affaire final
• classe le « dossier commercial » en archives

Comptabilité: • facturation selon l'avancement des fabrications des produits
• facture définitive

• suivi des règlements et relance des impayés

A.T.C. : • met à jour sa « fiche-client-A.T.C. » ① du chiffre d'affaires final après livraison

• suit la mise en place et l'après-vente des produits

- établit un « compte rendu d'activité » ④

Voir schéma 20 : ARTICULATION GENERALE DE L'ORGANISATION ADMINISTRATIVE

2. MATERIEL D'EXPLOITATION COMMERCIALE

Armoire

Elle contient les chemises suspendues dans trois rayons :

- « Devis à faire »
- « Devis terminés »
- « Commandes terminées »

ainsi que tous les documents commerciaux.

Chemises suspendues

Elles contiennent les « dossiers commerciaux » selon leur état d'avancement.

Elles restent fixes, seul leur contenu et la barrette d'identification se déplacent.

Les barrettes (couleur différentes par secteur) portent les mentions suivantes :

- lieu et nature des produits
- nom du client
- numéro d'enregistrement d'affaire

Boîte « prévisions de travaux »

Elle contient les doubles des « fiches d'information » ⑨ dont l'original est remis, pour exploitation, à l'agent technico-commercial. Classement par secteur géographique et par chantiers (villes les plus proches).

Boîte « consultations »

Elle contient les doubles des « fiches d'information » ⑨ dont l'original est remis, pour exploitation, à l'agent technico-commercial. Classement par secteur géographique et par chantiers (villes les plus proches).

Fichier « clients-siège »

Il contient les « fiches-clients-siège » ② correctement tenues à jour, classées par ordre alphabétique.

Classeurs à anneaux multiples

Utilisés par les agent technico-commerciaux pour classer, par sous-secteurs, leurs « fiches-clients-A.T.C. » ① (classement géographique).

Supports / dossiers

Accessoire à ergots pour les agent technico-commerciaux leur permettant d'établir simultanément leur « compte rendu d'activité » ④ et leur mise à jour de « fiche-client-A.T.C. » ① .

Boîte « relances systématiques »

A l'usage de la direction commerciale, elle contient classées par agent technico-commercial et par ordre chronologique, les « fiches de relances systématiques » ⑤ .

Dossier « comptes rendus d'activité »

Pour la direction commerciale, un par agent-technico-commercial contenant, classés par ordre chronologique ses « comptes rendus d'activité » ④ .

Classeur « courrier : offre de service adjudication »

Au secrétariat, permet le classement des doubles verts des courriers d'offres de service (par clients, classement alphabétique).

Planning

Planning mural portant les « fiches bleues » des commandes passées et en cours d'exécution.

Mailing

Voir matériel dans chapitre 5 consacré au mailing

Tableau de bord

Voir matériel dans chapitre 6 consacré au tableau de bord

3. LES DOCUMENTS ET LEUR CIRCULATION

a - La « fiche-client-A.T.C. » (document numéro 1)

- établie par l'agent technico-commercial
- mise à jour par lui :
  - après visite au client
  - par collage des bandelettes « devis » ③
- destinée à préparer les tournées
- permet d'ouvrir la « fiche-client-siège » ② (becquet signalétique gommé)
- est classé géographiquement par sous-secteurs dans des classeurs à anneaux multiples tenus par l'agent technico-commercial.

b - La « fiche-client-siège » (document numéro 2)

- ouverte par le secrétariat à réception du becquet signalétique gommé transmis par l'agent technico-commercial.
- mise à jour par le secrétariat :
  - par collage des bandelettes « devis » ③
  - par collage des becquets gommés des « comptes rendus d'activité » ④ des agents technico-commericaux.
- destinées à connaître l'historique de chaque client
- est classée par ordre alphabétique dans le bac prévu (consultation sur place)

c - La « fiche-devis » (document numéro 3)

- utilisée par la direction commerciale, le secrétariat et les agents technico-commerciaux

- bandelettes gommées établies en deux exemplaires par :
  - devis écrits = secrétariat
  - prix donnés verbalement = les trois mentionnés ci-dessus.
- destinée à tenir à jour les « fiches-clients-siège » ② et les « fiches-clients-A.T.C. » ①
- original, collé sur la « fiche-client-siège » ②
- double, collé sur la « fiche-client-A.T.C. » ①

d - Le « compte rendu d'activité » (document numéro 4)

- établi en deux exemplaires par les agents technico-commerciaux lorsqu'ils mettent leurs « fiches-clients-A.T.C. » ① à jour.
- il est destiné :
  - à la mise à jour des « fiches-clients-siège » ②
  - à établir les « fiches de relances systématiques » ⑤
  - à établir les « fiches d'analyse d'activité » ⑥
  - à compléter les « notes de frais » ⑦
  - à informer la direction commerciale
  - à mettre à jour les matrices d'adresses des mailings par le secrétariat (voir chapitre 5 : le mailing)
- original, à la direction commerciale pour information (comparaison avec les « fiches de relances systématiques » ⑤ et les « plans de travail » ⑧).
- becquets des « rapports abrégés de visites », collés sur la « fiche-client-siège » ② par le secrétariat.
- becquets « relances », collés sur la « fiche de relances systématiques » ⑤ par le directeur commercial.
- becquets « analyse d'activité », collés sur la « fiche d'analyse d'activité » ⑥ par le secrétariat.
- becquets « notes de frais », collés sur la « fiche note de frais » ⑦ par l'agent technico-commercial.

e - La « fiche des relances systématiques » (document numéro 5)

- établie au moyen des becquets gommés « relances » par le directeur commercial (en fonction de l'importance de chaque affaire).
- destiné :
  - à permettre le suivi des affaires importantes
  - à contrôler les agents technico-commerciaux (par comparaison avec les « plans de travail » ⑧ et les « comptes rendus d'activité » ④)

f - La « fiche d'analyse d'activité » (document numéro 6)

- établie au moyen des becquets gommés « analyse d'activité » par le secrétariat.
- destinée :
  - à analyser mensuellement l'activité de chaque agent technico-commercial
  - à comparer les secteurs entre eux
  - à mettre à jour certaines fiches du tableau de bord de la direction commerciale (voir chapitre 6)

g - La « fiche note de frais » (document numéro 7)

• établie par l'agent technico-commercial au moyen :
- des becquets gommés « note de frais »
- des justificatifs pour les autres frais remboursés

• destinée au remboursement des frais engagés pour l'entreprise par les agents technico-commerciaux.

• après visa de la direction commerciale, elle est transmise à la comptabilité pour règlement.

h - Le « plan de travail » (document numéro 8)

• établi chaque semaine par les agents technico-commerciaux en deux exemplaires.

• destiné :
- à préparer son travail pour la semaine,
- à lui servir d'itinéraire à suivre
- à informer la direction commerciale où elle peut joindre ses collaborateurs pendant leur tournée.

• original, conservé par l'agent technico-commercial

• double, transmis à la direction commerciale.

i - La « fiche d'information » (document numéro 9)

• un seul modèle pour deux types d'information :
- « Prévisions de travaux » (projets de constructions)
- « Consultations » (demande de devis, appel d'offre...)

• établie par le détenteur de l'information (secrétariat, agent technico-commercial, direction commerciale) en deux exemplaires.

• destinée à informer la personne concernée pour l'exploitation.

• original, transmis à l'agent technico-commercial qui le retourne au secrétariat après exploitation.

• double, classé soit en « prévisions de travaux »
soit en « consultations »
au secrétariat, pour contrôler son exploitation.

• après exploitation, les deux exemplaires sont transmis à la direction commerciale pour vérification (ensuite, ils sont classés dans le « dossier commercial » correspondant ou bien détruits si un dossier n'a pas été ouvert).

j - Le « canevas général des tournées »

• établi par la direction commerciale en deux exemplaires (tous les ans ou tous les six mois, à voir avec l'expérience).

• destiné à planifier les projets des tournées des agents technico-commerciaux afin que celles-ci soit équilibrées.

• original, remis à l'agent technico-commercial

• double, classé à la direction commerciale.

k - Le « dossier commercial »

• ouvert par le secrétariat commercial,

• se compose d'une poche plastique transparente,

• contient tous les documents de cette affaire :
- demande de devis du client,

- plans du client
- note des calculs du devis par le « service devis »
- plans du « service devis »
- double du courrier pour l'envoi du devis au client,
- échange de correspondance
- commande du client

• il se déplace, tout au long du cheminement de l'affaire :
- armoire « devis à faire »
- armoire « devis terminés »
- armoire « affaires terminées »
- service des devis
- comptabilité
- archives

l - Le « registre des affaires »

• tenu par le secrétariat

• sert à l'enregistrement de toutes les demandes de prix donnant lieu à des devis écrits

• porte les mentions suivantes :
- date d'enregistrement
- lieu de destination des produits spéciaux
- nature de ces produits (famille de produits)
- nom du client
- responsable commercial (secteur agent technico-commercial)
- numéro chronologique d'enregistrement
- mention lorsque la commande est obtenue ou lorsque l'affaire est sans suite ou perdue.

m - Le « cahier des commandes »

• tenu par le secrétariat

• sert à l'enregistrement de toutes les commandes (téléphoniques ou écrites).

• porte les mentions suivantes :
- date d'enregistrement
- lieu de destination des produits spéciaux
- nature des produits (famille de produits)
- nom du client
- responsable commercial (secteur agent technico-commercial)
- suivi de facturation

n - La « fiche bleue »

• elle sert à visualiser les commandes en cours d'exécution,

• reste au planning mural depuis l'enregistrement de la commande jusqu'à la facturation finale (après livraison).

o - Le carton « fantôme »

• sert à signaler, dans une chemise suspendue vide, quelle est la personne ou le service en possession du « dossier commercial »

• cartons au nom de direction commerciale, service devis, bureau d'études, service technique, comptabilité.

p - Le « tableau de bord »

• à l'usage de la direction commerciale

• regroupe toutes les informations nécessaires à la bonne gestion de la fonction commerciale

• est tenu par le secrétariat commercial qui porte régulièrement tous les renseignements.

q - L'offre de service

• courrier fait systématiquement par le secrétariat aux entreprises adjudicataires de travaux indiquées par le « Moniteur ».

r - Le « mailing »

• décisions prises par la direction commerciale (dates, contenus des envois, cibles)

• exécution matérielle par le secrétariat.

4. DESTINATAIRES DES PROCEDURES

Les différentes personnes de l'entreprise sont en possession, sous forme de « manuel de procédures commerciales » individuel des chapitres suivants :

Agent technico-commercial :

- Chapitre 1 « L'agent technico-commercial »

Secrétaire :

- Chapitre 1 « L'agent technico-commercial »
- Chapitre 2 « Le secrétariat commercial »
- Chapitre 4 « Articulation générale »
- Chapitre 5 « Mailing »
- Chapitre 6 « Tableau de bord »

Direction commerciale

- Ensemble des chapitres

Direction générale :

- Ensemble des chapitres

Schéma 20 : Articulation générale de l'Organisation Administrative

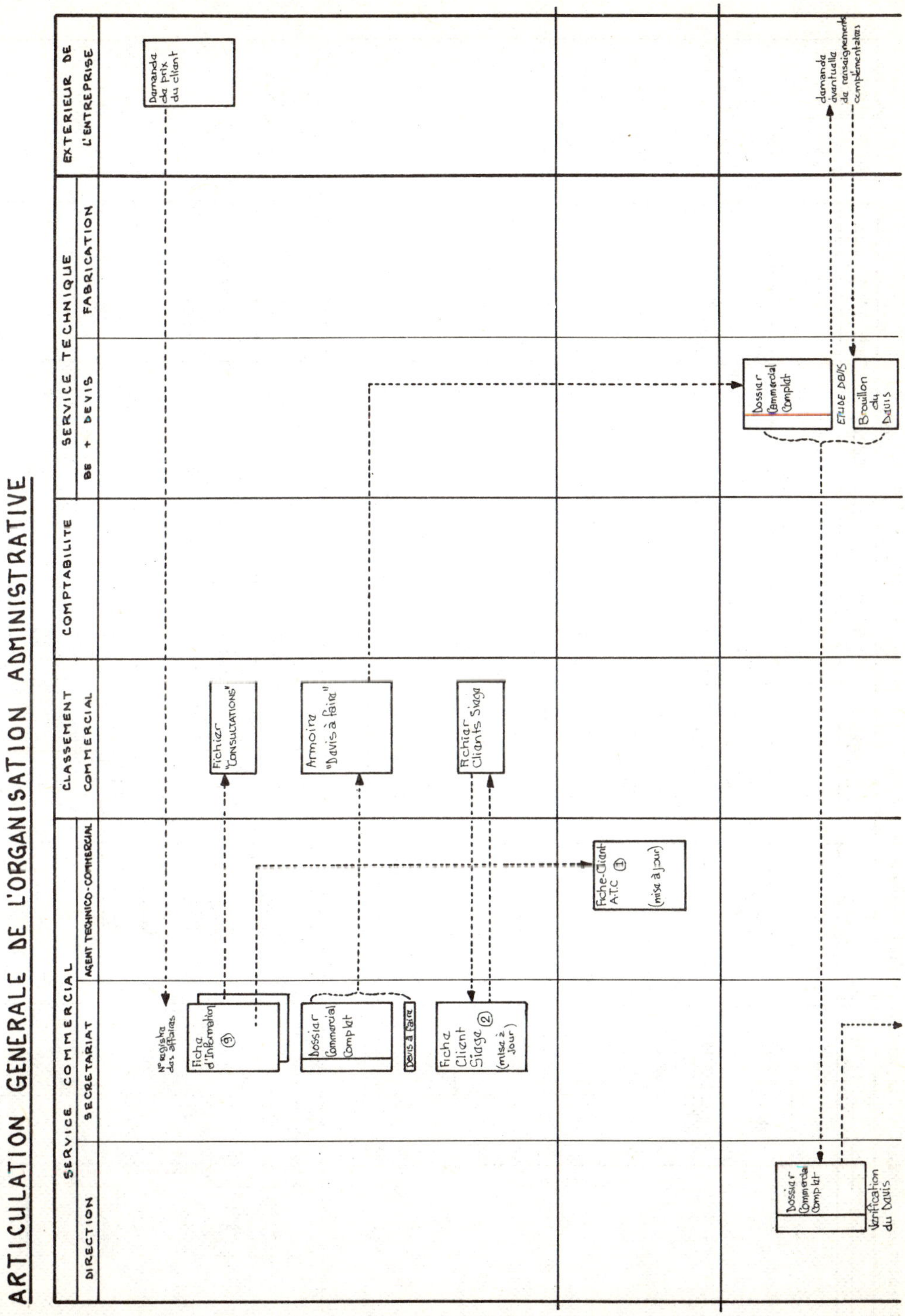

Schéma 20 (suite) : Articulation générale de l'Organisation Administrative

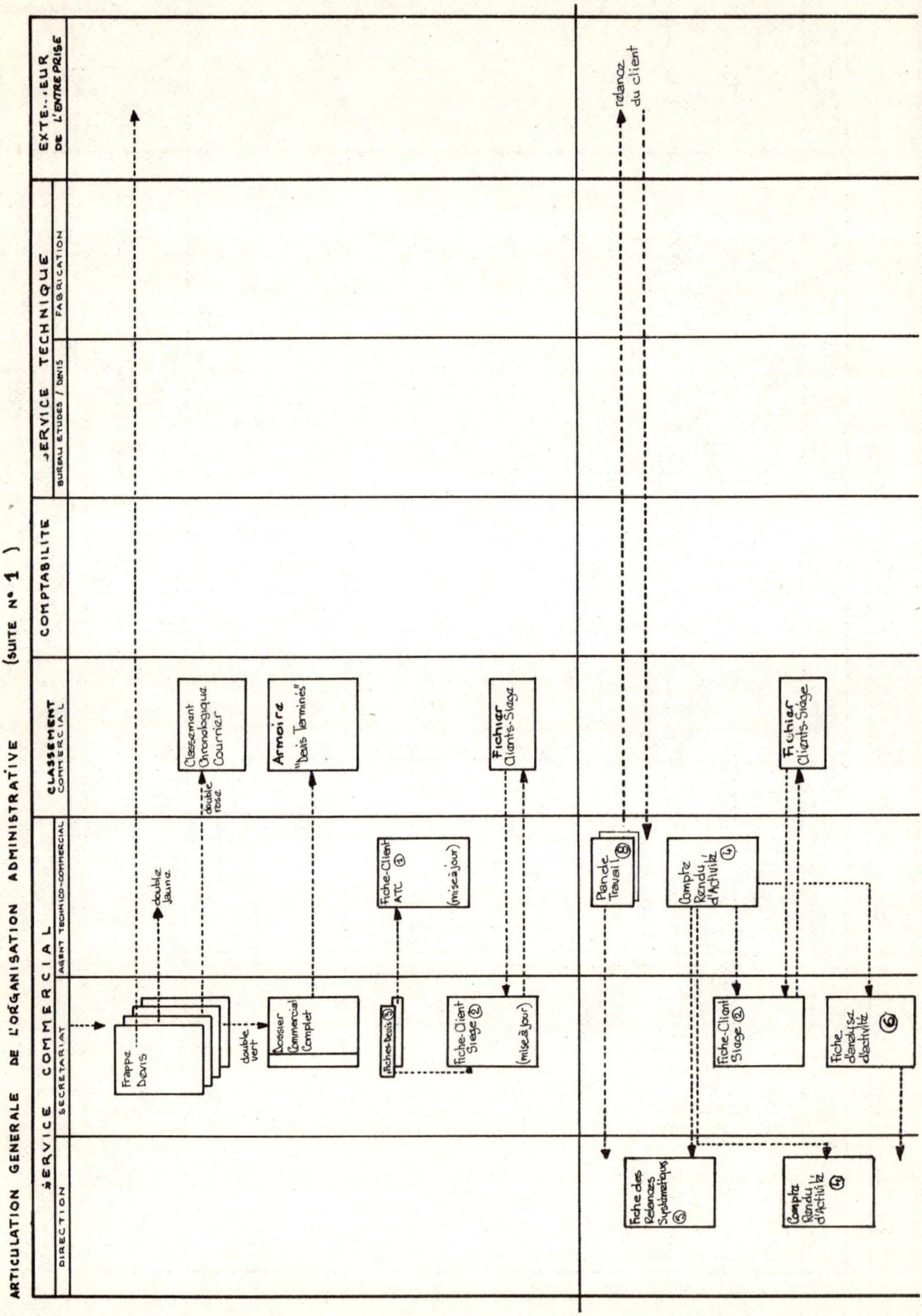

Schéma 20 (suite) : Articulation générale de l'Organisation Administrative

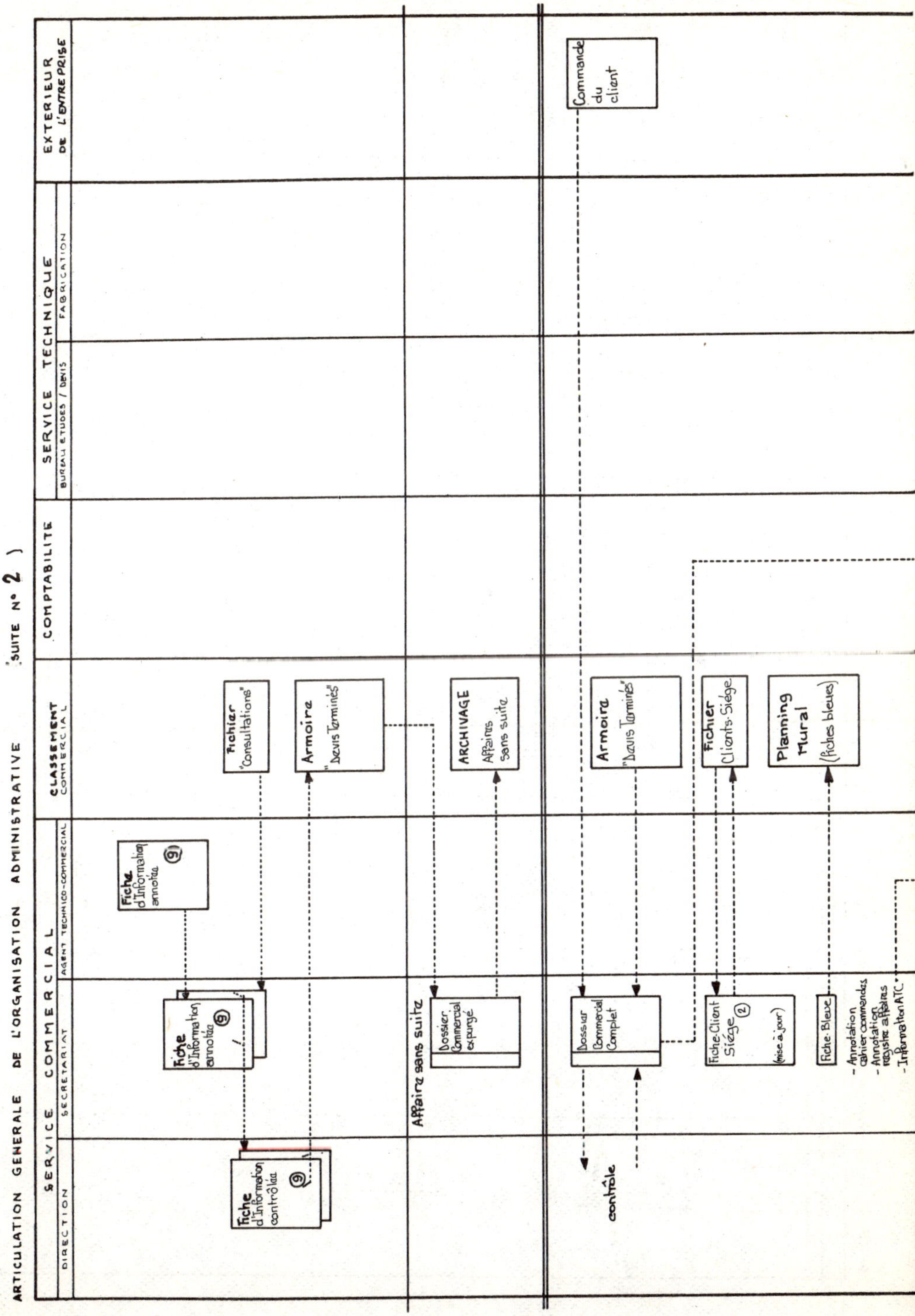

Schéma 20 (suite) : Articulation générale de l'Organisation Administrative

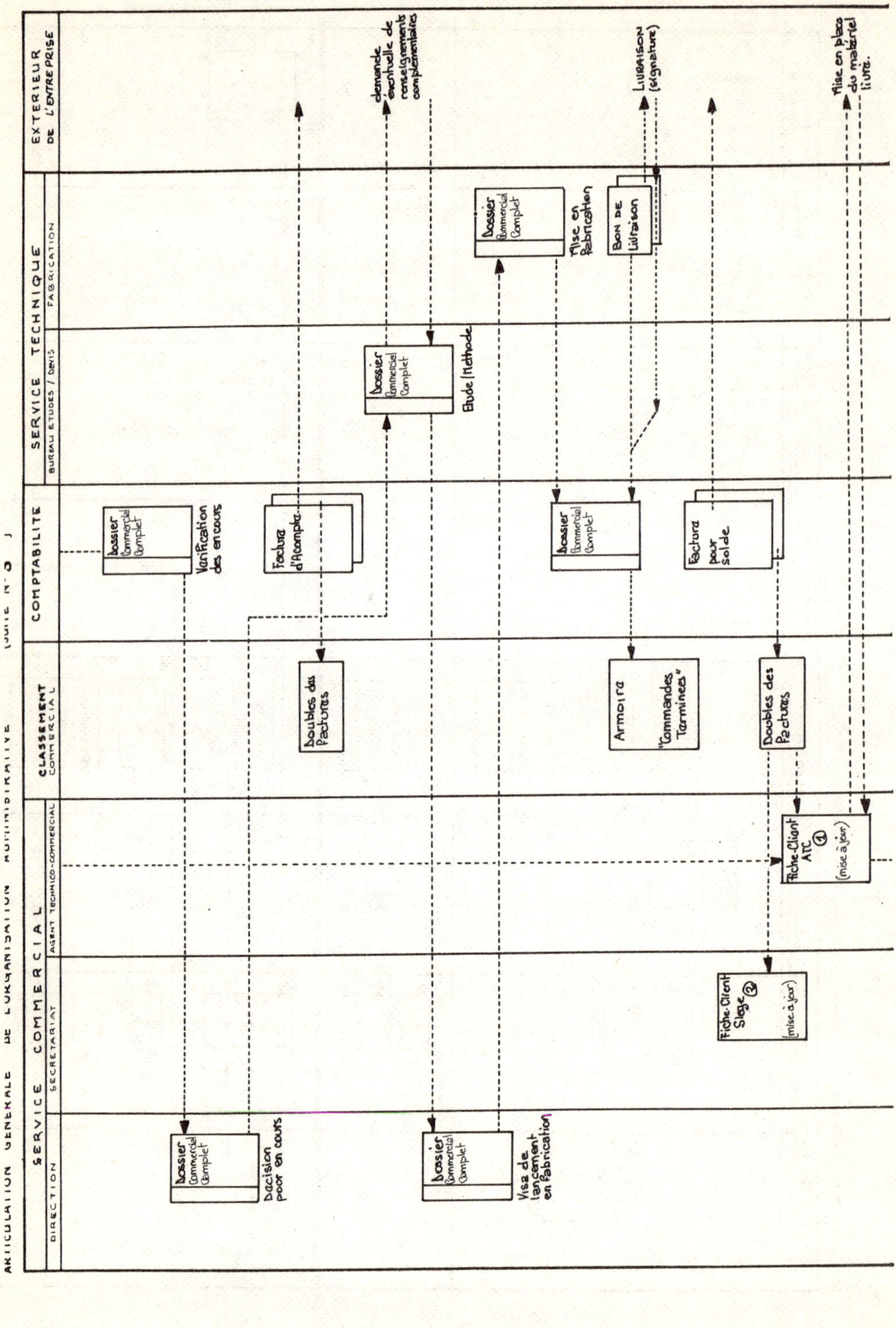

Schéma 20 (suite) : Articulation générale de l'Organisation Administrative

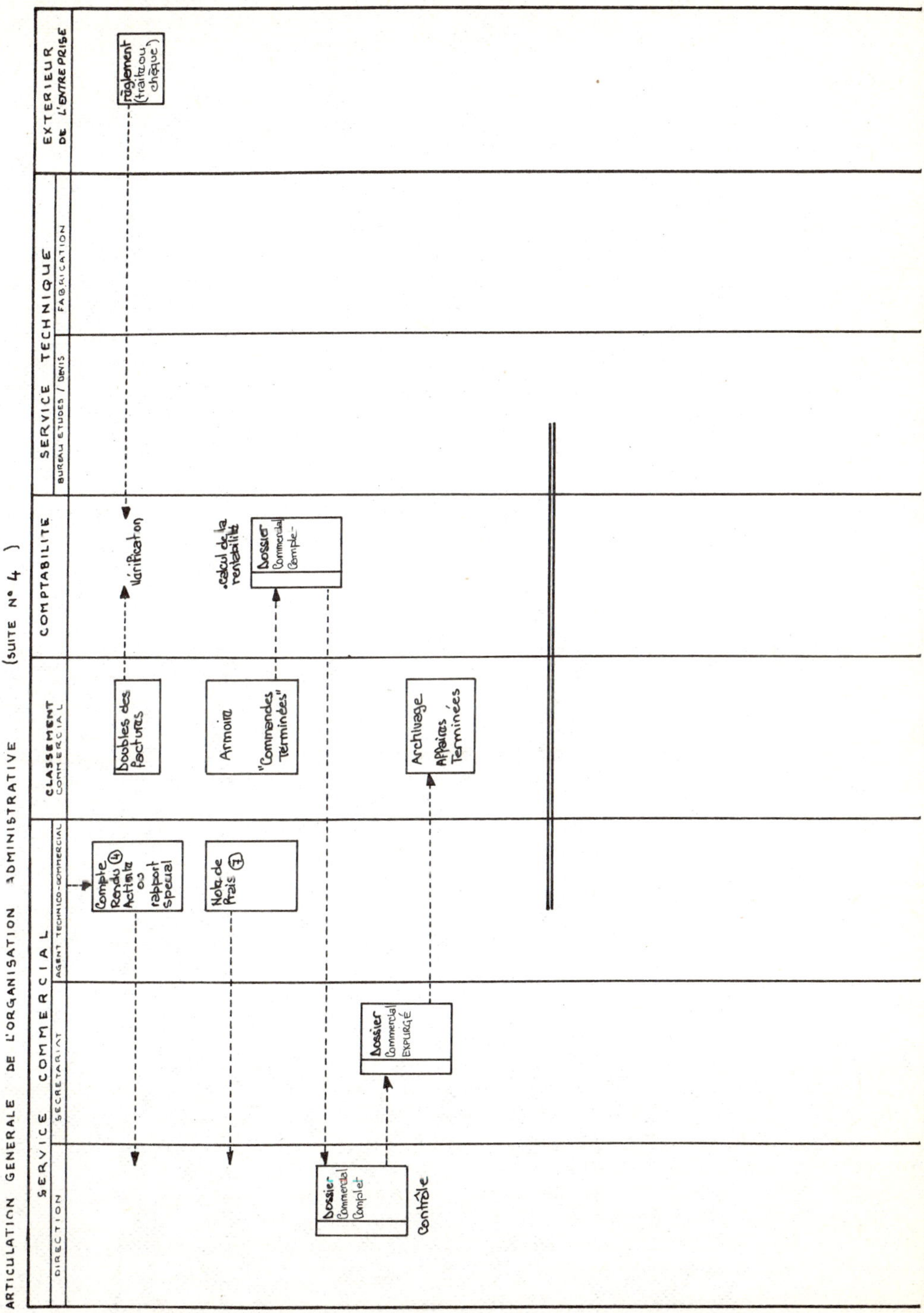

chapitre 5

Le mailing, son organisation matérielle

1. CLASSIFICATION DES CIBLES

Chaque personne, notée sur chacune des « fiches-clients-siège », portera deux numéros de code leur attribuant une appartenance à une catégorie bien précise : une cible.

Ces catégories sont regroupées en deux grandes rubriques :

a - Classification des personnes par degré d'importance

Selon les cinq niveaux suivants :

- Code 01 = P.D.G. et haute direction
- Code 02 = chef d'agence
- Code 03 = directeur de travaux
  chef de service
  ingénieur d'affaires
  responsable des études de prix
- Code 04 = conducteur de travaux
  métreur
- Code 05 = chef de chantiers

Nota : Ces personnes peuvent être amenées à changer de code au fil des ans.

b - Classification des entreprises par degré d'intérêt

Selon les quatre niveaux suivants :

- Code 11 = Société nationale et internationale
- Code 12 = Société régionale importante
- Code 13 = Société régionale moyenne

- Code.14 = Société régionale petite

Nota : Ces sociétés peuvent être amenées à changer de code au fil des ans.

c - Classification spéciale (un seul code)

Il existera également trois autres rubriques particulières :
- Classe A = Prescripteurs bureaux d'études, engineering, architectes, administrations, etc.)
- Classe B = Entreprises « non visitables » (entreprise visitée une fois, donc fichée, mais jugée non valable de la visiter régulièrement, cependant elle offre la possibilité de faire des affaires dans le temps).
- Classe C = Entreprises jamais visitées et que l'on estime pas valables de visiter, donc ne sont ni fichées, ni codées.

Ces trois rubriques, à part, seront utilement subdivisées en secteurs géographiques. Pour les prescripteurs, il y aura des matrices par types de prescripteurs.

2. CLASSEMENT DES ADRESSES

a - Les dossiers et sous-dossiers

Il existera autant de dossiers que de codes de personnes, soit 5 dossiers. Ils comporteront chacun autant de sous-dossiers que de codes d'entreprises, soit 4 sous-dossiers.

Exemples :

Dossier n° 1 (Code 01 : P.D.G. et haute direction) comprend :
- sous-dossier n° 1 (code 11 : Sociétés nationales/internationales)
- sous-dossier n° 2 (code 12 : Sociétés régionales importantes)
- sous-dossier n° 3 (code 13 : Sociétés régionales moyennes)
- sous-dossier n° 4 (code 14 : Sociétés régionales petites)

Dossier n° 2 (Code 02 : Chefs d'agences) comprend :
- sous-dossier n° 1 (code 11 : Sociétés nationales/internationales)
- sous-dossier n° 2 (code 12 : Sociétés régionales importantes)
- sous-dossier n° 3 (code 13 : Sociétés régionales moyennes)
- sous-dossier n° 4 (code 14 : Sociétés régionales petites)

Il y aura donc $5 \times 4 = 20$ classes, plus les 3 classes particulières pour les prescripteurs, les prospects visités une fois et non revisitables, les entreprises non valables d'être visitées même une seule fois. Soit un total de 23 classes.

Attribution des numéros de code :

Chaque personne sera désignée par un numéro de code en deux parties correspondant à la classification. Par exemple un directeur de travaux d'une société régionale petite aura le numéro « 03.14 » (03 pour sa fonction ; 14 pour son entreprise).

Les personnes entrant dans la classification spéciale n'auront qu'une lettre comme indicatif de code.

b - Les « matrices »

Les adresses sont tapées à la machine aux emplacements prévus sur des planches « matrices » d'étiquettes autocollantes.

Ces matrices doivent correspondre aux classes (23 classes différentes) et sont rangées dans les sous-dossiers.

Attention : ne pas porter sur une même matrice des personnes ayant des numéros de code différents.

c - Ouverture des dossiers et sous-dossiers

• Préparer les sous-dossiers et dossiers correspondant aux (20 + 3) 23 classes (chemises plastiques contenues dans des dossiers à sangle).

• En fonction des indications reçues :

- des agents technico-commerciaux (ouverture des « fiches-clients », indications portées sur les « comptes rendus d'activité »),
- de la direction commerciale (pour les clients déjà fichés),

taper les adresses sur autant de matrices nécessaires et les classer dans leurs sous-dossiers et dossier respectifs.

• Les adresses doivent comporter ;

- le nom de l'entreprise,
- son adresse complète
- le nom de la personne destinataire
- dans le coin supérieur gauche, porter les numéros de code ainsi que le mois et l'année de la création de l'étiquette.

Exemple : 06.79.03.14
06.79 = créée en juin 1979
03.14 = code dossier 03
code sous-dossier 14

d - Tenue à jour

Selon les indications reçues (et au fur et à mesure de leur réception) :

- de la direction commerciale
- des agents technico-commerciaux (sur les rapports abrégés de visite des « comptes rendus d'activité »)

Pour :

une suppression

enlever l'étiquette en cause de sa matrice.

une modification

taper une nouvelle étiquette qui viendra à la place de l'étiquette erronée.

un changement de classe

enlever l'étiquette en cause de sa matrice ancienne

taper une nouvelle étiquette (avec le nouveau numéro de code) sur la nouvelle matrice.

3. UTILISATION

a - Buts du mailing

Les mailings seront effectués dans différents buts. Il faut les définir car la cible dépendra d'eux. On peut citer les principaux buts suivants :

Information

- envois de tirés-à-part d'articles presse publicitaires
- envois de la documentation synthèse
- envois des dépliants « informations entreprise »
- envois des fiches techniques spécifiques
- envois du « poster produits spéciaux »
- etc.

Relations publiques

- envois de cartes de vœux pour la nouvelle année
- envois de cadeaux
- etc.

Invitation

- pour une inauguration
- pour les foires, salons, expositions
- etc.

b - Désignation de la cible

Compte tenu de l'action que la direction commerciale désire mener, il lui faut désigner la cible adéquate destinataire de l'envoi.

Cette cible pourra être une seule classe, plusieurs classes, voire même, l'ensemble des classes.

Exemple :

Il est décidé de toucher les chefs d'agence des sociétés nationales et des sociétés régionales importantes.

Il faut donc retirer les sous-dossiers 11 (Sociétés nationales et internationales) et 12 (Sociétés régionales importantes) du dossier 02 (chefs d'agence). Soit en code, les matrices 02.11 et 02.12.

c - Déroulement matériel d'une opération

La direction commerciale ayant :
- défini le but du mailing,
- déterminé le contenu de l'envoi
- choisi les classes correspondant à la cible

informe le secrétariat en s'assurant que les documents à envoyer seront prêts à temps.

Le secrétariat commercial :
- prépare les documents à envoyer
- les met sous enveloppes affranchies
- retire les matrices des sous-dossiers et dossiers concernés

- fait les photocopies de ces matrices sur des étiquettes autocollantes
- colle les étiquettes des photocopies sur les enveloppes
- expédie le courrier

4. EXEMPLES D'UTILISATION

Les deux exemples ci-dessous sont pris pour illustrer l'utilisation sur un plan général.

Premier exemple

a - But du mailing

- information de clients intéressés par le nouveau produit «B»

b - Contenu de l'envoi

- dépliant couleur sur le produit spécial «B»
- carte de visite du directeur commercial avec mention manuscrite : « est heureux de vous faire part de la mise au point du produit spécial «B»

c - Définition de la cible

- Les chefs d'agence des sociétés nationales et des sociétés régionales importantes,
- les directeurs de travaux des sociétés nationales et des sociétés régionales importantes et moyennes.
- soit :

les sous-dossiers 11 et 12 du dossier 02
les sous-dossiers 11, 12 et 13 du dossier 03
en code : 02.11 - 02.12 - 03.11 - 03.12 - 03.13

Deuxième exemple

a - But du mailing

- suivi de prospection (pour certaines entreprises visitées, il n'est pas utile de les revoir dans les mois à venir. Par contre elles peuvent présenter une possibilité de chiffre d'affaires). Sans suivi, cette première visite est une perte sèche. Périodiquement, il est possible de faire des propositions précises de produits standards à ces prospects, en leur rappelant l'existence de notre entreprise.

b - Contenu de l'envoi

- documentation produit standard «S»
- lettre d'accompagnement signée par le directeur commercial

c - Définition de la cible

- les entreprises non visitables
- soit le dossier « classe B »

5. PLANNING DES MAILINGS, BUDGET

Il faut prévoir, dans le cadre de la stratégie commerciale choisie, au début de chaque année, les mailings à effectuer dans le courant de cette année.

Les points suivants doivent être examinés :
- les nouvelles documentations qui doivent voir le jour
- les publicités presse qui seront faites
- les actions particulières projetées (sortie de produits, participation à des salons, foires, exécution d'ouvrage spectaculaire...)

Présenter les prévisions de mailings sous forme de tableau (voir ci-après le tableau prévisionnel des mailings) qui comportera simplement les renseignements suivants :
- périodes prévues
- buts des mailings
- contenus des envois
- cibles choisies
- coûts
- observations

6. CONTROLE

Bien qu'il soit très difficile et quelque peu illusoire de contrôler le rendement des mailings, il est intéressant de chercher à le cerner afin d'en tirer, avec toute la prudence voulue, des enseignements.

A cette fin, une fiche de contrôle est prévue dans le « tableau de bord » commercial (voir chapitre 6).

Il sera également utile de fournir, au fur et à mesure des réalisations des mailings, une liste des envois aux agents technico-commerciaux.

Cette liste permettra de connaître si telle personne a été destinataire de tel mailing ou bien l'ensemble des mailings dont telle personne a été destinataire (voir § 8 « renseignements »).

7. OPERATIONS SPECIALES

Deux opérations particulières de mailing sont intéressantes :

a - Prospection par mailing

Des coordonnées d'entreprises peuvent être collectées :
- INSEE (éventuellement sur étiquettes autocollantes en un ou plusieurs exemplaires)
- Annuaires (SAGERET, FADIN, syndicats professionnels...)

De ces listes, il faut supprimer les entreprises déjà codées (c'est-à-dire celles qui ont été mises en fiches car elles ont été visitées au moins une fois).

Des matrices seront préparées et rangées en « classe C ». Périodiquement

Tableau 21 : Etat prévisionnel des mailings pour 1979

(partiel)

DATES	BUTS	CONTENUS DES ENVOIS	CIBLES		COUTS	OBSERVATIONS
			CODES	QUANTITES		
2 Janvier	Relations Publiques	Carte de voeux	01.11 à 13 02.11 à 13 03.11 à 13 classe A	812	2100 F	
5 Février	Prospection	- Documentation synthèse - Lettre (texte no 4)	classe C s/Secteur I	1220	3800 F	Aide à l'ATC
15 mars	Information des chefs de chantiers	- Fiche technique du nouveau produit "Q" - Lettre (texte no 21)	05.11 à 14 classe A	1722	5000 F	Lancement du produit "Q"
10 Avril	Information générale	- Tiré-à-part de la Pub du "Moniteur" (2 pages) - Carte de visite de la Direction	ensemble du fichier	4820	19.000 F	Appuyer la campagne publicitaire
20 mai	Invitation	- Carte d'invitation	01.11 à 13 02.11 à 13 classe A	522	1.500 F	Inauguration du nouvel atelier
1 Juin	Prospection	- Dépliant "Information entreprise"	classe B	1920	5.500 F	Opération régulière de rappel

des mailings spéciaux seront effectués sur l'ensemble de cette classe (avec une sélection géographique ou non).

Nota : Bien penser à supprimer les adresses
- en cas de retour des envois par les P.T.T.
- lorsque l'entreprise aura été visitée et passera ainsi dans une classe codée.

b - Préparation de prospection

Pour utiliser ce mailing, il est nécessaire que les entreprises de « classe C » soient réparties géographiquement selon les sous-secteurs des agents technico-commerciaux.

Méthode :

Une quinzaine de jours avant sa tournée sur un sous-secteur défini (prévision possible grâce au « canevas général des tournées », voir chapitre 3, annexe), l'agent technico-commercial fait envoyer un courrier à ces entreprises les informant :
- de l'existence de notre société
- de sa prochaine visite dans leur localité.

Pour le suivi, l'agent technico-commercial peut :
- soit faire joindre à l'envoi une carte réponse et il rend visite à ceux qui la retournent,
- soit téléphoner à chacune des entreprises, juste avant sa tournée, pour savoir si elle est intéressée... et intéressante. Ensuite il prend des rendez-vous en les incluant dans le « plan de travail » de la semaine.

8. RENSEIGNEMENTS

Question : Je désire savoir ce que M. X de l'entreprise Z a reçu comme documents ?

Méthode : Prendre
- la liste des mailings qui donne (pour l'année)
  - But de chaque mailing,
  - Contenu de chaque envoi,
  - Numéros de code des destinataires.
- la fiche de l'entreprise concernée.

Sur la fiche de cette entreprise, en regard du nom de la personne, nous avons, entre parenthèses, le mois et l'année de son enregistrement, puis son code mailing. Il suffit donc de contrôler, sur la liste des mailings, tous les envois faits depuis cette date et correspondant aux numéros de code de cette personne.

Question : J'aimerais savoir qui a été destinataire de tel mailing (ou de tel document) ?

Méthode : Prendre
- la liste des mailings pour connaître les numéros de code des destinataires du document concerné.
- les sous-dossiers des classes correspondant au numéro de code.

Les destinataires de ce document sont les personnes portées sur les matrices dont la date d'enregistrement est antérieure à l'envoi du mailing (ou des mailings contenant ce même document). Il est rappelé que chaque matrice-adresse, dans le coin supérieure gauche, porte les numéros de code ainsi que le mois et l'année de la création de l'étiquette, (voir § 2 c de ce présent chapitre).

chapitre 6

Le tableau de bord, extrait réel

Remarque : Ce chapitre sur le « tableau de bord » commercial se compose de deux parties bien distinctes :

- La première partie donne, pour chaque critère sélectionné (tableaux chiffrés et ratios), ce que doit faire la direction commerciale (en principe fixer les objectifs) et le secrétariat (remplir les documents et faire les calculs) en indiquant comment.

- La deuxième partie est le « tableau de bord » proprement dit, tout au moins un extrait. Pour chaque critère sélectionné, un tableau est présenté en exemple de même que les listes de ratios. Il était en effet inutile de présenter l'ensemble des tableaux et listes utilisés réellement (il suffit d'en ouvrir la quantité nécessaire en fonction du nombre d'agents technico-commerciaux ou de secteurs géographiques).

A — TABLEAUX CHIFFRES

Pour constituer ce « tableau de bord », 12 critères ont été choisis, se traduisant par des séries de tableaux pour chacun d'eux.

1. « NOMBRE DE JOURS DE VISITES »

Direction commerciale

- elle doit fixer, en début d'année, les objectifs de nombre de jours à passer en visites chez les clients et prospects pour chaque mois et pour chaque agent technico-commercial.

Secrétariat commercial

- source de renseignements : « fiches d'analyse d'activité »
- remplissage du tableau : en fin de mois, compter le nombre de jours entiers ou de demi-journées passés en visites et le porter dans les cases correspondantes. En fin d'année, porter le total sur la fiche additive pluriannuelle.

Documents nécessaires

- Un tableau par agent technico-commercial pour l'année en cours
- Un tableau par agent technico-commercial « pluriannuel »
- Un tableau « total » pour l'année en cours
- Un tableau « total » pluriannuel.

2. « NOMBRE DE CONTACTS »

- Méthode identique à 1. « Nombre de jours de visites »

3. « NOMBRE DE VISITES »

- Méthode identique à 1. « Nombre de jours de visites »

4. « NOMBRE DE DEVIS DEMANDES »

- Méthode identique à 1. « Nombre de jours de visites »
- sauf source de renseignements : registre des affaires

5. « NOMBRE DE COMMANDES OBTENUES »

- Méthode identique à 1. « Nombre de jours de visites »
- sauf source de renseignements : cahier de commandes

6. « NOMBRE DE NOUVEAUX CLIENTS »

- Méthode identique à 1. « Nombre de jours de visites »
- Sauf source de renseignements : cahier des commandes

7. « ANALYSE D'ACTIVITE »

Direction commerciale

- il n'y a pas d'objectif à fixer pour cette analyse.

Secrétariat commercial

- source de renseignements : « fiches d'analyse d'activité »
- remplissage du tableau : en fin de mois, porter les totaux de la « fiche d'analyse d'activité » dans les cases correspondantes. En fin d'année, porter le total sur la fiche additive pluriannuelle.

Des codes sont employés pour signaler chaque colonne. Ils correspondent aux codes de « analyse d'activité » et peuvent donc changer. Pour cette première année, les codes 1 à 9 sont attribués aux neuf familles de produits ; les codes 10 à 15 représentent les sous-secteurs géographiques ; le code 16 étant le nombre de commandes « directes ».

Documents nécessaires

- Deux tableaux par agent technico-commercial pour l'année en cours (10 codes par tableau).
- Deux tableaux « pluriannuels » par agent technico-commercial.
- Deux tableaux « total » pour l'année en cours.
- Deux tableaux « total » pluriannuels.

8. « CHIFFRE D'AFFAIRES GLOBAL »

Direction commerciale

- elle doit fixer, en début d'année, les objectifs de chiffre d'affaires à réaliser mensuellement et par agent technico-commercial pour l'ensemble des produits sur l'ensemble de son secteur.

Secrétariat commercial

- source de renseignements : service comptabilité (montant net HT des factures réalisées dans le mois)
- remplissage du tableau : en fin de mois, porter les chiffres dans les cases correspondantes. En fin d'année, porter le total sur la fiche additive pluriannuelle.

Documents nécessaires

- Un tableau par agent technico-commercial pour l'année en cours
- Un tableau par agent technico-commercial « pluriannuel »
- Un tableau « total » pour l'année en cours
- Un tableau « total » pluriannuel.

9. « CHIFFRE D'AFFAIRES PAR FAMILLES DE PRODUITS »

Direction commerciale

- N'ayant pas d'expérience dans cette analyse nouvelle pour l'entreprise, il n'y aura pas d'objectif fixé.

Secrétariat commercial

- source de renseignements : service comptabilité (ventilation du montant net HT des factures par familles de produits)
- remplissage du tableau : en fin de mois, porter les chiffres dans les cases correspondantes. En fin d'année, porter le total sur la fiche additive pluriannuelle.

Documents nécessaires

- un tableau par agent technico-commercial pour l'année en cours
- un tableau par agent technico-commercial « pluriannuel »
- un tableau « total » pour l'année en cours
- un tableau « total » pluriannuel.

10. « MAILING »

Direction commerciale

- elle doit fixer les délais successifs des réponses éventuelles (pour comparer d'un mailing à l'autre, ils seront uniformes).

Secrétariat commercial

- source de renseignements : comptabilité pour le coût, retour des réponses (prévoir une fiche pour en noter le nombre journalier ou hebdomadaire)
- remplissage du tableau : selon l'arrivée des informations faire les calculs indiqués (coût du contact).

Documents nécessaires

- un seul tableau récapitulatif pour l'année.

11. « PUBLICITE »

— Méthode identique à 10. Mailing

12. « BUDGET »

Direction commerciale

- elle doit établir, avec la direction générale, le budget commercial pour l'année. Une répartition mensuelle est faite.

Secrétariat commercial

- source de renseignements : service comptabilité (ventilation des frais généraux par fonctions).
- remplissage du tableau : en fin de mois, porter les chiffres fournis dans les cases correspondantes. En fin d'année, porter le total sur la fiche additive pluriannuelle.

Documents nécessaires

- un tableau pour l'année en cours
- un tableau pluriannuel

Nota : Par la suite, ce budget commercial global pourra être décomposé en sous-budgets (salaires, frais généraux, publicité, mailing, déplacements, etc.).

B — RATIOS COMMERCIAUX

Une sélection a été faite pour :

- juger et mesurer l'activité des agents technico-commerciaux
- suivre la gestion commerciale

1. ACTIVITE DES AGENTS TECHNICO-COMMERCIAUX

Il y a une série de 11 ratios à calculer chaque trimestre et pour chaque agent technico-commercial. Une liste à part reprendra les résultats de l'ensemble du réseau.

a - Documents nécessaires

- Un tableau par agent technico-commercial pour l'année en cours
- Un tableau par agent technico-commercial « pluriannuel »
- Un tableau « total » pour l'année en cours
- Un tableau « total » pluriannuel.

b - Liste des ratios

1 - Nombre de jours de visites réalisés / Objectif nombre de jours de visites à réaliser (ratios de références : celui de l'année précédente à la même époque et 100 %).

2 - Nombre de visites réalisées / Objectif nombre de visites à réaliser (ratios de références : celui de l'année précédente à la même époque et 100 %).

3 - Nombre de visites réalisées / Nombre de jours de visites réalisés (ratios de références : celui de l'année précédente à la même époque et la moyenne de l'année précédente).

4 - Nombre de commandes obtenues / Objectif nombre de commandes à obtenir (ratios de références : celui de l'année précédente à la même époque et 100 %).

5 - Nombre de visites réalisées / Nombre de commandes obtenues (ratios de références : celui de l'année précédente à la même époque et la moyenne de l'année précédente).

6 - Nombre de devis demandés / Nombres de commandes obtenues (ratios de références : celui de l'année précédente à la même époque et la moyenne de l'année précédente).

7 - Chiffre d'affaires réalisé / Objectif chiffre d'affaires à réaliser (ratios de références : celui de l'année précédente à la même époque et 100 %).

8 - Chiffre d'affaires réalisé en cumulé / Objectif annuel de chiffre d'affaires à réaliser (ratios de références : celui de l'année précédente à la même époque et, 1er trimestre = 25 %, 2e trimestre = 50 %, 3e trimestre = 75 %, fin de l'année = 100 %).

9 - Chiffre d'affaires réalisé en cumulé / Chiffre d'affaires en cumulé réalisé l'année précédente (ratios de références : celui de l'année précédente à la même époque et 120 %).

10 - Chiffre d'affaires réalisé / Nombre de commandes obtenues (ratios de références : celui de l'année précédente à la même époque et la moyenne de l'année précédente).

11 - Nombre de clients nouveaux / Nombre total de clients (ratios de références : celui de l'année précédente à la même époque et la moyenne de l'année précédente).

2. GESTION COMMERCIALE

C'est une petite liste de 6 ratios à calculer chaque trimestre pour l'ensemble de la gestion commerciale.

a - Documents nécessaires

- Un tableau pour l'année en cours
- Un tableau pluriannuel.

b - Liste des ratios

1 - Montant du chiffre d'affaires en commande / Montant du chiffre d'affaires moyen mensuel (ratios de références : celui de l'année précédente à la même époque et la moyenne de l'année précédente).

2 - Montant des frais commerciaux / Nombre de visites réalisées par l'ensemble des agents technico-commerciaux (ratios de références : celui de l'année précédente à la même époque et la moyenne de l'année précédente).

3 - Montant des frais commerciaux / Nombre de commandes obtenues en direct ou indirect par l'ensemble des agents technico-commerciaux (ratios de références : celui de l'année précédente à la même époque et la moyenne de l'année précédente).

4 - Nombre de clients en fin de période - Nombre de clients en début de période / Nombre total de clients (ratios de références : celui de l'année précédente à la même époque et la moyenne de l'année précédente).

5 - Montant des frais commerciaux / Chiffres d'affaires HT (ratios de références : celui de l'année précédente à la même époque et la moyenne de l'année précédente).

6 - Compte clients + compte effets à recevoir × 90 / Chiffre d'affaires du trimestre (ratios de références : celui de l'année précédente à la même époque et le ratio calculé à la période précédente).

TABLEAU DE BORD

Cette deuxième partie du chapitre 6 reprend un extrait du tableau de bord de notre entreprise. Réellement, il est plus important car, pour les critères de 1 à 9, ainsi que pour les ratios d'activité des agents technico-commerciaux, il y a autant de tableaux que de personnes, plus un récapitulatif (ayant 4 secteurs de vente, nous avons donc 5 tableaux par critère).

Remarque : La forme des tableaux auraient pu être différente dans la mesure où nous aurions présenté sur un seul tableau (plus long) les 9 critères propres à chaque agent technico-commercial. Mais pour une meilleure clarté de lecture et de manipulation, nous avons préféré la solution ci-après.

TABLEAU DE BORD COMMERCIAL

Année : 1979

Secteur : I

1	NOMBRE DE JOURS DE VISITES

Mois	OBJECTIF		REALISATION		ECART +		ECART -	
	mensuel	cumulé	mensuel	cumulé	mensuel	cumulé	mensuel	cumulé
JANVIER	22	22	21	21	-	-	1	1
FEVRIER	20	42	20	41	-	-	-	1
MARS	21	63	21	62	-	-	-	1
AVRIL	19	82						
MAI	19	101						
JUIN	20	121						
UILLET	21	142						
AOUT	-	-						
SEPTEMBRE	20	162						
OCTOBRE	21	183						
NOVEMBRE	20	203						
DECEMBRE	18	221						

Observations :

TABLEAU DE BORD COMMERCIAL

Secteur : I

1	NOMBRE DE JOURS DE VISITES

ANNEES	OBJECTIFS	REALISATION	ECART +	ECART -	%
1978	217	210	-	7	-3,3
1979	221				
1980					
1981					
1982					

Observations :

TABLEAU DE BORD COMMERCIAL

Année : 1979

Secteur : I

2	NOMBRE DE CONTACTS

Mois	OBJECTIF		REALISATION		ECART +		ECART -	
	mensuel	cumulé	mensuel	cumulé	mensuel	cumulé	mensuel	cumulé
. JANVIER	264	264	261	261	-	-	3	3
. FEVRIER	240	504	221	482	-	-	19	22
. MARS	252	756	274	756	22	-	-	-
. AVRIL	228	984						
. MAI	228	1.212						
. JUIN	240	1.452						
. JUILLET	252	1.704						
. AOUT	-	-						
. SEPTEMBRE	240	1.944						
. OCTOBRE	252	2.196						
. NOVEMBRE	240	2.436						
. DECEMBRE	216	2.652						

Observations :

TABLEAU DE BORD COMMERCIAL

Secteur : I

2	NOMBRE DE CONTACTS

ANNEES	OBJECTIFS	REALISATION	ECART +	ECART -	%
1978	2.604	2659	55	-	+2,1
1979	2.652				
1980					
1981					
1982					

Observations :

TABLEAU DE BORD COMMERCIAL

Année : 1979

Secteur : I

3	NOMBRE DE VISITES

Mois	OBJECTIF		REALISATION		ECART +		ECART -	
	mensuel	cumulé	mensuel	cumulé	mensuel	cumulé	mensuel	cumulé
. JANVIER	132	132	142	142	10	10	-	-
. FEVRIER	120	252	127	269	7	17	-	-
. MARS	126	378	124	393	-	15	2	-
. AVRIL	114	492						
. MAI	114	606						
. JUIN	120	726						
. JUILLET	126	852						
. AOUT	-	-						
. SEPTEMBRE	120	972						
. OCTOBRE	126	1.098						
. NOVEMBRE	120	1.218						
. DECEMBRE	108	1.326						

Observations :

TABLEAU DE BORD COMMERCIAL

Secteur : I

3	NOMBRE DE VISITES

ANNEES	OBJECTIFS	REALISATION	ECART +	ECART -	%
1978	1.302	1352	50	-	+3,9
1979	1.326				
1980					
1981					
1982					

Observations :

TABLEAU DE BORD COMMERCIAL

Année : 1979

Secteur : I

4	NOMBRE DE DEVIS DEMANDES

Mois	OBJECTIF		REALISATION		ECART +		ECART -	
	mensuel	cumulé	mensuel	cumulé	mensuel	cumulé	mensuel	cumulé
. JANVIER	44	44	42	42	-	-	2	2
. FEVRIER	40	84	45	87	5	3	-	-
. MARS	42	126	41	128	-	2	1	-
. AVRIL	38	164						
. MAI	38	202						
. JUIN	40	242						
. JUILLET	42	284						
. AOUT	-	-						
. SEPTEMBRE	40	324						
. OCTOBRE	42	366						
. NOVEMBRE	40	406						
. DECEMBRE	36	442						

Observations :

TABLEAU DE BORD COMMERCIAL

Secteur : I

4	NOMBRE DE DEVIS DEMANDES

ANNEES	OBJECTIFS	REALISATION	ECART +	ECART -	%
1978	434	480	46	-	+ 10,6
1979	442				
1980					
1981					
1982					

Observations :

TABLEAU DE BORD COMMERCIAL

Année : 1979

Secteur : I

5	NOMBRE DE COMMANDES OBTENUES

Mois	OBJECTIF		REALISATION		ECART +		ECART -	
	mensuel	cumulé	mensuel	cumulé	mensuel	cumulé	mensuel	cumulé
. JANVIER	22	22	17	17	-	-	5	5
. FEVRIER	20	42	36	53	16	11	-	-
. MARS	21	63	15	68	-	5	6	-
. AVRIL	19	82						
. MAI	19	101						
. JUIN	20	121						
. JUILLET	21	142						
. AOUT	-	-						
. SEPTEMBRE	20	162						
. OCTOBRE	21	183						
. NOVEMBRE	20	203						
. DECEMBRE	18	221						

Observations :

TABLEAU DE BORD COMMERCIAL

Secteur : I

5	NOMBRE DE COMMANDES OBTENUES

ANNEES	OBJECTIFS	REALISATION	ECART +	ECART -	%
1978	217	212	-	5	-2,3
1979	221				
1980					
1981					
1982					

Observations :

TABLEAU DE BORD COMMERCIAL

Année : 1979

Secteur : I

6	NOMBRE DE NOUVEAUX CLIENTS

Mois	OBJECTIF		REALISATION		ECART +		ECART -	
	mensuel	cumulé	mensuel	cumulé	mensuel	cumulé	mensuel	cumulé
. JANVIER	11	11	8	8	-	-	3	3
. FEVRIER	10	21	9	17	-	-	1	4
. MARS	11	32	12	29	1	-	-	3
. AVRIL	10	42						
. MAI	10	52						
. JUIN	10	62						
. JUILLET	11	63						
. AOUT	-	-						
. SEPTEMBRE	10	73						
. OCTOBRE	11	84						
. NOVEMBRE	10	94						
. DECEMBRE	9	103						

Observations :

TABLEAU DE BORD COMMERCIAL

Secteur : I

6	NOMBRE DE NOUVEAUX CLIENTS

ANNEES	OBJECTIFS	REALISATION	ECART +	ECART -	%
1978	96	82	-	14	-14.6
1979	103				
1980					
1981					
1982					

Observations :

ABLEAU DE BORD COMMERCIAL

7. ANALYSE D'ACTIVITE

Secteur I

Année 1979

CODES / MOIS	A NOMBRE DES ENTREPRISES INTERESSEES PAR LA FAMILLE DE PRODUITS 1		B NOMBRE DES ENTREPRISES INTERESSEES PAR LA FAMILLE DE PRODUITS 2		C NOMBRE DES ENTREPRISES INTERESSEES PAR LA FAMILLE DE PRODUITS 3		D NOMBRE DES ENTREPRISES INTERESSEES PAR LA FAMILLE DE PRODUITS 4		E NOMBRE DES ENTREPRISES INTERESSEES PAR LA FAMILLE DE PRODUITS 5		F NOMBRE DES ENTREPRISES INTERESSEES PAR LA FAMILLE DE PRODUITS 6		G NOMBRE DES ENTREPRISES INTERESSEES PAR LA FAMILLE DE PRODUITS 7		H NOMBRE DES ENTREPRISES INTERESSEES PAR LA FAMILLE DE PRODUITS 8		I NOMBRE DES ENTREPRISES INTERESSEES PAR LA FAMILLE DE PRODUITS 9		J NOMBRE DE VISITES SUR SOUS-SECTEUR 1	
	MENSUEL	CUMUL	MENSUEL	CUMUL	MENSUEL	CUMUL	MENSUEL	CUMUL	MENSUEL	CUMUL	MENSUEL	CUMUL	MENSUEL	CUMUL	MENSUEL	CUMUL	MENSUEL	CUMUL	MENSUEL	CUMUL
JANVIER	51	51	44	44	28	28	15	15	15	15	30	30	9	9	38	38	18	18	60	60
FEVRIER	41	92	35	79	28	56	3	18	18	31	29	59	12	21	44	82	21	39	50	110
MARS	32	124	28	107	30	86	7	25	21	52	21	80	7	28	39	121	25	64	36	146
AVRIL																				
MAI																				
JUIN																				
JUILLET																				
AOUT																				
SEPTEMBRE																				
OCTOBRE																				
NOVEMBRE																				
DECEMBRE																				

7 ANALYSE D'ACTIVITE

Secteur I

ANNEES	A		B		C		D		E		F		G		H		I		J	
	NBRE	% *	NBRE	% *	NBRE	% *	NBRE	% *	NBRE	% *	NBRE	% *	NBRE	% *	NBRE	% *	NBRE	% *	NBRE	% **
1978	559	19,3	480	16,6	340	11,7	110	3,7	189	6,5	359	12,3	127	4,4	498	17,1	237	8,2	311	23
1979																				
1980																				
1981																				
1982																				
1983																				

* = % par rapport à l'ensemble total des entreprises intéressées

** = % par rapport au nombre total des unités affectées (voir 7 (suite))

7 (suite) ANALYSE ACTIVITE

ABLEAU DE BORD COMMERCIAL

Secteur I

Année 1979

CODES / MOIS	K NOMBRE DE VISITES SUR SOUS-SECTEUR 2		L NOMBRE DE VISITES SUR SOUS-SECTEUR 3		M NOMBRE DE VISITES SUR SOUS-SECTEUR 4		N NOMBRE DE VISITES SUR SOUS-SECTEUR 5		O NOMBRE DE VISITES SUR SOUS-SECTEUR 6		P NOMBRE DE COMMANDES DIRECTES		Q		R		S		T	
	MENSUEL	CUMUL	MENSUEL	CUMUL	MENSUEL	CUMUL	MENSUEL	CUMUL	MENSUEL	CUMUL	MENSUEL	CUMUL	MENSUEL	CUMUL	MENSUEL	CUMUL	MENSUEL	CUMUL	MENSUEL	CUMUL
JANVIER	31	31	30	30	21	21	-	-	-	-	20	20								
FEVRIER	-	31	-	30	12	33	31	31	34	34	12	32								
MARS	34	65	28	58	-	33	-	31	26	60	7	39								
AVRIL																				
MAI																				
JUIN																				
JUILLET																				
AOUT																				
SEPTEMBRE																				
OCTOBRE																				
NOVEMBRE																				
DECEMBRE																				

7 (suite) ANALYSE D'ACTIVITE

Secteur I

ANNEES	K		L		M		N		O		P		Q		R		S		T	
	NBRE	% *	NBRE	% *	NBRE	% *	NBRE	% *	NBRE	% *	NBRE	% ↗ **								
1978	216	16	284	21	216	16	122	9	203	15	115	+ 15%								
1979																				
1980																				
1981																				
1982																				
1983																				

* = % par rapport au nombre total des visites effectuées

** = % par rapport à l'année précédente

TABLEAU DE BORD COMMERCIAL

Année : 1979

Secteur : I

8	CHIFFRE D'AFFAIRES GLOBAL

Mois	OBJECTIF		REALISATION		ECART +		ECART -	
	mensuel	cumulé	mensuel	cumulé	mensuel	cumulé	mensuel	cumulé
. JANVIER	132.000	132.000	128.400	128.400	-	-	3.600	3.600
. FEVRIER	120.000	252.000	125.100	253.500	5.100	1.500	-	-
. MARS	126.000	378.000	131.200	384.700	5.200	6700	-	-
. AVRIL	114.000	492.000						
. MAI	114.000	606.000						
. JUIN	120.000	726.000						
. JUILLET	126.000	852.000						
. AOUT	-	852.000						
. SEPTEMBRE	120.000	972.000						
. OCTOBRE	126.000	1.098.000						
. NOVEMBRE	120.000	1.218.000						
. DECEMBRE	108.000	1.326.000						

Observations :

TABLEAU DE BORD COMMERCIAL

Secteur : I

8	CHIFFRE D'AFFAIRES GLOBAL

ANNEES	OBJECTIFS	REALISATION	ECART +	ECART -	%
1978	1.204.000	1.195.000	-	9.000	-0,75
1979	1.326.000				
1980					
1981					
1982					

Observations :

TABLEAU DE BORD COMMERCIAL

9. CA PAR FAMILLES DE PRODUITS

Secteur I

Année 1979

CODES / MOIS	A CA REALISE PAR LA FAMILLE DE PRODUITS 1		B CA REALISE PAR LA FAMILLE DE PRODUITS 2		C CA REALISE PAR LA FAMILLE DE PRODUITS 3		D CA REALISE PAR LA FAMILLE DE PRODUITS 4		E CA REALISE PAR LA FAMILLE DE PRODUITS 5		F CA REALISE PAR LA FAMILLE DE PRODUITS 6		G CA REALISE PAR LA FAMILLE DE PRODUITS 7		H CA REALISE PAR LA FAMILLE DE PRODUITS 8		I CA REALISE PAR LA FAMILLE DE PRODUITS 9		J CA TOTAL	
	MENSUEL	CUMUL	MENSUEL	CUMUL	MENSUEL	CUMUL	MENSUEL	CUMUL	MENSUEL	CUMUL	MENSUEL	CUMUL	MENSUEL	CUMUL	MENSUEL	CUMUL	MENSUEL	CUMUL	MENSUEL	CUMUL
JANVIER	24.396	24.396	21828	21.828	15408	15408	5136	5136	7704	7704	15.408	15408	6420	6420	21828	21828	10272	10272	128.400	128.400
FEVRIER	31.275	55671	18765	40.593	12510	27918	8757	13893	10.008	17.712	12510	27918	6255	12675	10.008	31.836	15.012	25284	125.100	253.500
MARS	31.488	87.159	18368	58.961	14432	42350	9184	23077	10496	28208	13120	41088	6560	19235	11808	43644	15.744	41.028	131.200	384.700
AVRIL																				
MAI																				
JUIN																				
JUILLET																				
AOUT																				
SEPTEMBRE																				
OCTOBRE																				
NOVEMBRE																				
DECEMBRE																				

9. CA PAR FAMILLES DE PRODUITS

Secteur I

(en milliers de francs)

ANNEES	A		B		C		D		E		F		G		H		I		J	
	CA	%*	CA	%*	CA	%*	CA	%*	CA	%*	CA	%*	CA	%*	CA	%*	CA	%*	CA	%**
1978 (1)	-	-	-	-	-	-	-	-	-	-	-	-	-	-	-	-	-	-	1795	+18%
1979																				
1980																				
1981																				
1982																				
1983																				

* % par rapport au CA total

** % par rapport à l'année précédente

(1) Cette ventilation par famille de produits du CA n'existait pas

10. *Mailing* (Contrôles)

DATES D'ENVOIS	CIBLES (CODES)	OBJETS DES ENVOIS ET LEURS CONTENUS	NOMBRE D'ENVOIS	COUT TOTAL DE L'OPERATION	REPONSES APRES 10 J	REPONSES APRES 20 J	TOTAL DES REPONSES	COUT DU CONTACT	RESULTATS GLOBAUX OBTENUS APRES 60 J
2/1	01.11 à 13 02.11 à 13 03.11 à 13 classe A	Cartes de voeux	836	2725 F	–	–	–	–	–
6/2	classe C s/secteur I	• Documentation-synthese • Lettre (texte n° 4)	1238	4157 F	15	24	39 3,15 %	107 F	3 commandes 8 devis en cours 2 clients nouveaux
15/3	05.11 à 14 classe A	• Fiche technique du nouveau produit B • Lettre (texte n° 21)	1712	5395 F	120	92	212 12,4 %	26 F	40 devis en cours.

CODES CIBLES
(01.11)
(01.12)
(ETC...)

RESULTATS, SOIT
NOMBRE DE DEVIS
NOMBRE DE COMMANDES
NOMBRE DE CLIENTS NOUVEAUX
C.A. REALISE ETC...

11. *Publicité* (Contrôles)

DATES PARUTION	TITRES REVUES OU PUBLICATIONS	COUT TOTAL	TYPE DE PUBLICITE	REPONSES APRES 7 J	REPONSES APRES 15 J	REPONSES APRES 30 J	TOTAL DES REPONSES	COUT DU CONTACT	RESULTATS GLOBAUX OBTENUS APRES 90 J
20/1	"Le Moniteur"	12 780	Rappel pour la feuille produits no 7	10	7	5	22	580	39 réponses 8 devis 1 cde (18.700 F HT)
10/3	"Le Moniteur"	18.320	Lancement du produit "g"	15	10	9	34	538	12 devis en cours

RESULTATS SOIT NOMBRE DE DEVIS
NOMBRE DE COMMANDES
NOMBRE DE CLIENTS NOUVEAUX
C.A. REALISE ETC...

TABLEAU DE BORD COMMERCIAL

Année : 1979

12 BUDGET COMMERCIAL TOTAL

MOIS	PREVISIONS		REALISATION		ECARTS		Observations
	mensuel	cumulé	mensuel	cumulé	+	-	
JANVIER	158.400	158.400	82.300	82.300	-	76.100	
FEVRIER	144.000	302.400	209.200	291.500	-	10.900	
MARS	151.200	453.600	175.800	467.300	13.700	-	
AVRIL	136.800	590.400					
MAI	136.800	727.200					
JUIN	144.000	871.200					
JUILLET	151.200	1.022.400					
AOUT	151.200	1.173.600					
SEPTEMBRE	144.000	1.317.600					
OCTOBRE	151.200	1.468.800					
NOVEMBRE	144.000	1.612.800					
DECEMBRE	129.600	1.742.400					

TABLEAU DE BORD COMMERCIAL

12 BUDGET COMMERCIAL TOTAL

(en milliers de francs)

ANNEES	PREVISIONS		REALISATION		ECARTS		% (1)
	Valeurs	%	Valeurs	%	Valeurs	%	
1978	1.526.	-	1725	-	+ 199	-	+ 13%
1979	1.742.	+ 14%					
1980							
1981							
1982							

% 1 = Pourcentage des réalisations par rapport aux prévisions

$$\frac{\text{Réalisation}}{\text{Prévisions}} \times 100$$

% = Pourcentage par rapport à l'année précédente

$$\frac{\text{Année } n}{\text{Année } n - 1} \times 100$$

TABLEAU DE BORD COMMERCIAL

Année : 1979

Ratios d'activité des A.T.C.

Secteur : I I

	RATIOS CALCULES	TRIMESTRES								Ratios de Référence
		1er		2ème		3ème		4ème		
1	Nbre jours de visites réal. / Objectif nbre jours visites	98	↘							100 %
2	Nbre de visites réalisées / Objectif nombre de visites	104	↗							100 %
3	Nbre de visites réalisées / Nbre de jours de visites	6,3	→							6,4
4	Nbre de commandes obtenues / Objectif nbre de commandes	108	↗							100 %
5	Nbre de visites réalisées / Nbre de commandes obtenues	5,8	↗							6,4
6	Nbre de devis demandés / Nbre de commandes obtenues	19	↗							2.3
7	Chiffre d'affaires réalisé / Objectif C.A. à réaliser	102	↗							100 %
8	C.A. réalisé en cumulé / Objectif annuel de C.A.	29 %	25 %		50 %		75 %		100 %	-
9	C.A. réalisé en cumulé / C.A. en cumulé 1978	115 %	↗							110 %
10	Chiffre d'affaires réalisé / Nbre de commandes obtenues	5657	↗							5635
11	Nbre de clients nouveaux / Nbre total de clients	5	↘							6 %

Tableau de bord commercial *Ratios d'activité des A.T.C.* ***Secteur :*** I

	RATIOS CALCULES	1978	1979	1980	1981	1982
1	Nbre jours de visites réal. / Objectif nbre jours visites	97%				
2	Nbre de visites réalisées / Objectif nombre de visites	104%				
3	Nbre de visites réalisées / Nbre de jours de visites	6,4				
4	Nbre de commandes obtenues / Objectif nbre de commandes	98%				
5	Nbre de visites réalisées / Nbre de commandes obtenues	6,4				
6	Nbre de devis demandés / Nbre de commandes obtenues	2,3				
7	Chiffre d'affaires réalisé / Objectif C.A. à réaliser	99%				
8	ratio non utilisé	-				
9	C.A. réalisé année N / C.A. réalisé année N - 1	118%				
10	Chiffre d'affaires réalisé / Nbre de commandes obtenues	5635				
11	Nbre de nouveaux clients / Nbre total de clients	11%				

TABLEAU DE BORD COMMERCIAL

Année : 1979

Secteur :

Ratios de gestion commerciale

	RATIOS CALCULES	TRIMESTRES 1er	2ème	3ème	4ème	Ratios de Référence
1	C.A. en commande / C.A. moyen mensuel	2,1 ↗				1,8
2	Frais commerciaux / Nbre de visites A.T.C.	297 ↗				231
3	Frais commerciaux / Nbre de commandes	1420 ↗				1300
4	Clients Fin - Clients Début / Nbre total des clients	7% ↘				9%
5	Frais commerciaux / Chiffre d'affaires	25% →				29%
6	Cptes clients + effets x 90 / Chiffre d'affaires trimes.	58,5 ↗				51,5

TABLEAU DE BORD COMMERCIAL

	RATIOS CALCULES	1978	1979	1980	1981	1982
1	C.A. en commande / C.A. moyen mensuel	1,8				
2	Frais commerciaux / Nbre de visites A.T.C.	231				
3	Frais commerciaux / Nombre de commandes	1300				
4	Clients Fin - Clients Début / Nombre total des clients	9%				
5	Frais commerciaux / Chiffre d'affaires	29%				
6	Cptes clients + effets x 90 / C.A. du trimestre	515				

Achevé d'imprimer en juillet 1979
sur les presses d'Edit Offset à Saint-Etienne
N° d'éditeur : 431
N° d'imprimeur : 786
Dépôt légal : 3e trimestre 1979

Imprimé en France